유가 전통에서의
자연세계와 과학

암곡학술총서 1

유가 전통에서의 자연세계와 과학

초판 1쇄 인쇄 2019년 5월 22일
초판 1쇄 발행 2019년 5월 27일

지은이 김영식
펴낸이 오세정
펴낸곳 서울대학교출판문화원

출판등록 제15-3호

주소 08826 서울 관악구 관악로 1
대표전화 02-880-5252
팩스 02-889-0785
도서 주문 02-889-4424, 02-880-7995
이메일 snubook@snu.ac.kr
홈페이지 www.snupress.com

ISBN 978-89-521-2906-2 94150
978-89-521-2905-5 (세트)

암곡학술총서 1

유가 전통에서의 자연세계와 과학

김영식 지음

서울대학교출판문화원

머리말

지난 수십 년간 나는 내 학문 활동의 성격 때문에 불편하거나 난감한 상황에 처하는 경우가 많았다. 그것은 주로 내가 다루는 주제가 인문학과 과학의 경계에 걸쳐 있고, 우리 학문 사회에서 강고한 장벽을 형성하고 있는 이과와 문과의 경계를 넘나들기 때문이었다. 인문학 쪽에서는 내가 하는 일이 인문학이 아니라 과학이라고 하고, 과학 쪽에서는 과학이 아니라 인문학이라고 하는 등 양쪽 모두로부터 받아들여지지 않고 배제되는 일이 많았다. 최근 들어서는 우리 학문 사회가 이 같은 성격의 활동을 수용하는 방향으로 차츰 변화해 왔지만, 한계는 여전히 굳건하게 존재하고 있다. 나는 이미 은퇴했지만, 나와 같은 성격의 학문 활동을 하는 후배들과 학생들은 아직도 엄청난 어려움 속에서 일하고 있다. 그런데 바로 그 같은 성격의 학문 활동을 해 온 것으로 암곡학술상을 받게 되었으니 나로서는 감회가 깊다.

당초 암곡학술상 2회 수상자로 결정되었다는 소식과 함께 "인문학과 자연과학을 연결하는" 주제로 강연을 해 달라는 요청을 받고 강연 주제에 대해 고민했다. 처음에는 문과와 이과의 장벽에 대해, 그리고 그 같은 장벽이 빚고 있는 폐단과 그것을 깨뜨려야 하는 이유에 대해 이야기하려고 했다. 사실 나는 지난 수십 년 동안 이 주제에 대해 여러 차례 글과 강연으로 다루어 왔고 그것이 적절한 주제가 될 것이라 생각했던 것이다. 그러나 "인문학과 자연과학을 학제적으로 연결하는 학술적 성찰이나 성과를 강연으로 발표하고 그 내용을 책으로" 펴낸다는 암곡학술상과 암학술총서의 취지를 읽고 생각을 바꾸었고 결국 이 주제를 택하게 되었다. 그런데 막상 택하고 보니 사실 "유가 전통에서의 자연세계와 과학"이라는 것은 지난 수십 년간 내가 수행해 온 연구와 집필의 밑바탕에 깔려 있던 큰 주제였음을 깨닫게 되었다.

이 책에서 사용하고 있는 '유가 전통'과 '과학'이라는 표현에 대해 미리 지적해 둘 점이 있다. 우선, 내가 '과학'이라는 용어를 매우 느슨하고 포괄적인 의미로 사용했다는 점이다. 이 책에서 '과학'은 자연세계에 대한 다양한 형태의 전통적 지식과 담론을 포괄하는데, 그중 일부는 '자연철학'이나 '자연지식'이라는 말로 더 잘 표현될 수 있을 것이다. 한편 이 같은 넓은 의미의 '과학'이라는 말은 '기술'을 포함하기도 하겠지만, 간혹 좀 더 분명히 할 필요가 있을 때에는 '기술'이라는 말을 덧붙여 '과학기술', '과학과 기술'이라고 표현할 것이다. '유가 전통'이라는 말도 단순하지는 않다. 그것은 다양한 사람들, 즉 다양한 유학자들로 이루어졌고 그들은 자연세계에 대해 매우 다양한 견해와 태도를 지니고 있었으며, 이 같은 견해와 태도는 서로 모순되기도 하고 충돌을 빚기도 했다. 따라서 내가 이 책에서 사용하는 '유교', '유가 전통', '유학자' 같은 말들은 이들 모두와 그 다양함을 포괄하지는 못할 것이다. 이 말들은 주로 유가 전통이 사회에 자리잡은 송대 이후 중국의 신유학자(新儒學者)들과 조선의 성리학자들을 염두에 두고 사용될 것이며, 그 과정에서 주로 주희(朱熹, 1130-1200)를 예로 들게 될 것이다. 이는 물론 나 자신이 주희에 관해 오래 연구해 왔기 때문이기도 하지만, 그보다는 그가 유가 사상의 발전에 지대한 역할을 수행했으며 이후 수 세기 동안 지속해서 동아시아인들의 사상과 삶에 깊은 영향력을 행사했다는 사실로 정당화될 수 있을 것이다.

당초 강연을 준비하면서, 그리고 책으로 펴내기 위해 그 내용을 정리하면서 그간 다른 계제에 각각 그 나름의 관심과 시각에서 다루었던 내용들을 하나의 큰 주제를 통해 '일이관지(一以貫之)' 해 보는 값진 경험을 하게 되었다. 나에게 그런 값진 기회를 준 이 책이 전혀 다른 환경 속에서 전혀 다른 성격의 과학기술을 접하면서 살아가는 오늘날의 독자들, 특히 과학기술이 야기한 여러 가지 문제에 직면하여 과학기술의 새로운 의의와 역할을 모색하는 이들에게 도움이 되기를 바란다.

2019년 5월

김영식

차례

1. 동아시아의 과학 발전과 유교의 역할[1]

동아시아의 과학 발전에 유교가 미친 역할에 대한 평가는 계속 변해 왔다. 20세기 초에는 대체로 유교가 과학의 발전을 '가로막았다'고 간주되었다. 사실 당시에는 동아시아인들만이 아니라 동아시아, 특히 중국 과학에 관심이 있는 서양인들도 모두 유교에 대해 극단적으로 부정적인 견해를 가지고 있었다. 우선 서양 과학기술에 토대한 것으로 간주되었던 서구 열강의 힘에 깊은 인상을 받은 20세기 초 동아시아의 지식인들은 동아시아의 과학 전통이 제대로 발전하지 못했거나 심지어는 존재하지 않았다고 여겼다.[2] 그

1 이 장의 내용 중 많은 부분은 김영식, 「유교와 동아시아 과학의 발전」, 『동아시아 과학의 차이: 서양 과학, 동양 과학, 그리고 한국 과학』(사이언스북스, 2013), 75-92쪽의 논의에 바탕했다.

2 펑유란(馮友蘭)은 "왜 중국에는 과학이 없는가"라는 제목의 논문을 쓰기도 했다. Yu-lan Fung, "Why China Has No Science:

리고 서양인들도 동아시아에 관심을 지닌 학자들뿐 아니라 아인슈타인(Albert Einstein, 1879-1955), 레비-브륄(Lucien Lévy-Bruhl, 1857-1939) 같은 이들까지 이러한 부정적인 견해를 공유했다.[3] 그들은 이 같은 상황의 기저에 놓인 원인이 무엇인지 궁금해했는데, 많은 사람들은 그것이 동아시아 사상과 사회를 지배한 유교의 영향이었다고 믿었다. 이후 과학사학자들의 선구적인 업적, 특히 니덤(Joseph Needham, 1990-1995)의 연구에 힘입어 중국 전통 과학기술의 성과들이 점차 알려지기 시작했지만, 유교에 대한 평가는 전반적으로 부정적이었다. 유교의 전통주의, 보수주의, 그리고 상인과 상업에 대한 불신 등의 특징은 여전히 과학의 발전을 저해한 요인으로 여겨졌고, 과학 발전에 공헌한 요소들은 보통 도교(道敎)나 유사과학(pseudo-science) 등 다른 곳에서 찾아졌다.[4]

An Interpretation of the History and Consequences of Chinese Philosophy," *The International Journal of Ethics* 32(1922), pp. 237-263.

3 스위처(J. E. Switzer)에게 보낸 아인슈타인의 편지: Derek J. de Solla Price, *Science since Babylon* (New Haven: Yale University Press, 1961), p. 15; Lucien Lévy-Bruhl, *Les fonctions mentales dans les sociétés inférieures*, 2ème édition (Paris: Félix Alcan, 1928), p. 380.

4 이러한 관점은 니덤의 연구들에서 가장 두드러지게 나타나는데, Joseph Needham, *Science and Civilisation in China*, 7 volumes (Cambridge: Cambridge University Press, 1954-2004)의 여러 부분에서 이러한 관점을 찾을 수 있다.

그러나 20세기 후반 이러한 분위기에 변화가 일어났다. 변화는 현대 과학이 맞닥뜨린 한계적 상황과 동아시아 지역의 경제 발전에 대한 사람들의 인식에 의해 촉발되었다. 먼저, 사람들은 현대 과학의 발전이 무한정 계속될 수 없고 한계가 있다는 점과 과학 발전이 과학 자체로는 해결할 수 없는 문제들을 빚어냈음을 깨닫게 되었고, 비(非)서양 문화의 사상과 실천에서 그 같은 문제들에 대한 해답과 대안을 찾게 되었다. 다른 한편, 사람들은 지난 몇 십 년간 동아시아 몇몇 나라의 경제가 엄청난 성공을 거두었음을 깨닫게 되었고 이 지역을 수 세기 동안 지배한 유교가 이에 어떤 긍정적인 역할을 수행했을 것이라고 믿게 되었다.

이러한 인식과 그로부터 자라난 생각들로 인해 다음과 같은 경향이 널리 퍼지게 되었다.

첫째, 유교의 다양한 관념, 덕목(德目), 전제(前提), 믿음, 성향 등이 동아시아의 경제적 성공의 바탕을 이루는 중요한 요인으로 간주되었고, 이 지역에서 이루어진 경제 및 산업 발달과 이 같은 유교의 다양한 요소들 사이의 관련성을 두고 많은 논의가 이루어졌다.

둘째, 유교 사상을 포함한 동아시아 전통 사상이 현대 과학이 초래한 문제들의 해답이자 현대 과학 자체의 대안으로 제시되었다. 이와 함께 심지어는 유가 전통의 자연관(自然觀)과 지식의 여러 측면에 현대 과학의 씨앗이 담겨 있다는 평가도 생겨났다. 예컨대 유가 전통 자연관 속에 현대 물리학의 비결정론적(indeterministic)·비인과율적(acausalistic) 성격, 양자역학의 파동(波

動, wave) 해석, 장(場, field) 개념, 화석(化石)에 관한 지식 등이 담겨 있다는 것이다.

이 같은 생각들은 오늘날 동아시아인들만이 아니라 서양인들 사이에도 널리 퍼져 있다. 그러나 그 같은 생각들이 잘못된 것임은 어렵지 않게 알 수 있다. 현대 사회의 문제들, 특히 환경, 천연자원, 핵무기, 생명윤리 등 현대 과학이 야기했다고 여겨지는 문제들에 대한 해답을 동아시아 전통 사상에서 찾는 사람들은 이런 문제를 초래한 원인이 자연을 거스르고, 변화시키고, 통제하고, 착취하는 서양의 '투쟁(strife)의 자연관'에 기초한 현대 과학에 있다고 본다. 그리고 그들은 인간이 자연의 조화로운 한 부분으로 자연과 더불어 살아간다고 보는 '조화(harmony)의 자연관'에 기반한 동아시아 유가 전통의 자연관에서 이 같은 문제들에 대한 해결책을 찾을 수 있다고 생각한다.[5]

그러나 이는 이들 문제 자체의 본질에 대한 이해, 특히 이들 문제가 생겨 온 역사적 과정에 대한 이해의 결여를 반영한 지나치게 단순한 생각이다. 이 문제들은 서양의 과학이 현대에 이르기까지 변화, 발전해 오면서 거친 '전문화', '제도화', '거대화', '실용화'로 특징지을 수 있는 과정을 통해 생겨난 것들이다. 그리고 이 역사적 과정은 그중 일부를 취사선택할 수 있는 것이 아니며, 가역

5 널리 퍼진 이런 종류의 믿음 중 한 가지 형태를 Fritjof Capra, *The Tao of Physics* (Boulder: Shambhala Publications, 1975)에서 볼 수 있다.

적인 것은 더욱더 아니어서, 그 같은 문제들을 원하지 않는다고 하여 그것들이 없었던 과거의 과학으로 되돌아갈 수는 없다. 따라서 이 같은 과정을 겪지 않은 유가 전통의 자연관이나 과학의 요소들을 통해 그 과정 자체의 산물인 현대 과학의 문제들을 해결하겠다는 것은 너무나 소박하고 비역사적인 태도이다. 마찬가지로, 유기체론(有機體論)적이고 전일론(全一論)적인 유가 전통의 자연관에 기계론적이고 분석적인 서양 과학이 야기한 문제를 해결할 잠재력이 담겨 있다는 믿음 역시 지나치게 단순하다. 물론 유가 전통의 자연관이 유기체론적이고 전일론적인 특징을 보이는 것은 사실이지만 그런 점에서는 중세 서양의 자연관도 마찬가지였으며, 심지어 그쪽이 더 유기체론적이고 전일론적이었다고 볼 수도 있다. 그렇다면 현대의 문제들에 대한 해답을 중세 유럽의 자연관에서 찾아야 할 것인가?

물론 앞서 말한 문제들에 대한 해답을 찾는 데에 유가 전통의 자연관에서 취할 점이 아무것도 없다고 할 수는 없다. 예를 들어, 전통 시기 유학자들이 자연세계에 대해 어떤 태도를 지녔고 자연세계 속의 현상과 물체들을 어떤 식으로 해석했는가를 이해함으로써 서양 과학 전통과는 다른, 자연에 대한 대안적인 접근 방식과 태도를 찾는 데 유가 전통의 자연관으로부터 도움을 받을 수도 있을 것이다. 그러나 그 문제들에 대한 실제적인 해답은 현대 과학의 지식과 방법들을 이용하여 문제 자체를 제대로 탐구하고 이해한 이후에야 얻을 수 있다. 복잡하고 힘든 작업이지만 그 같은 탐구를 회피할 수 있는 방법은 없다. 회피하면 문제들은 오히려 악화될 것이기 때문이다.

현대 과학의 특정 측면들과 유가 전통 자연관의 특정 요소들 사이의 몇몇 피상적인 유사성에 기초해서, 그것이 둘 사이의 근본적인 일치를 나타낸다거나 유가 전통 자연관의 현대 과학적인 성격을 보여 준다고 결론짓는 것 역시 단순하고 몰역사적이다. 이런 방향으로 생각하는 사람들이 가장 자주 언급하는 것은 유가 전통 자연관이 비결정론적이고 비인과율적이라는 점이다. 그들은 양자역학이나 상대성 이론을 핵심으로 하는 현대 물리학이 뉴턴(Isaac Newton, 1642-1727)의 고전역학에 비해 비결정론적이고 비인과율적이라는 점에 주목하여, 유가 전통 자연관이 현대 물리학과 부합한다고 결론짓기도 한다. 그리고 유가 전통 자연관의 위와 같은 성격을 드러내는 것으로 기(氣), 음양(陰陽), 오행(五行: 木, 火, 金, 水, 土), 괘(卦), 수(數)와 같이 유학자들이 자연세계의 문제들을 포함하여 모든 종류의 문제들을 이해하고 논의하는 데 이용했던 개념들을 언급하기도 한다.

물론 이런 개념들로 이루어진 유가 전통 자연관에서는 뉴턴 역학을 특징짓는 결정론이나 인과율 같은 것은 찾아볼 수 없고 그런 면에서 유가 전통 자연관이 비결정론적이고 비인과율적인 것은 사실이다. 예컨대 같은 범주에 속한 사물이 서로 상호작용한다는 '동류상동(同類相動)'의 관점에서는 만약 어떤 두 현상이 같은 범주에 속한다면 뒤에 일어난 현상이 앞서 일어난 현상과 상호작용할 수 있으므로, 시간의 순서는 문제가 되지 않는다. 그러나 뉴턴 역학과 비교하여 현대 물리학에서 보게 되는 비결정론적·비인과율적 성격은 이 같은 차원의 것은 아니다. 그것은 뉴턴 역학이 주장하듯이 자연세계가 철두철미하게 결정론적이고 인과율적일 수는 없다는 인식이지 아예 결정론과 인과율을 포기하고 유가 전통 자연관의 차원으로 가 버린 것은 아니다. 현대 물리학에는 비록 뉴턴 역학의 수준은 아니더라도 결정론적이고 인과율적인 속성이 지속되고 있는 것이다. 그리고 중요한 것은 현대 물리학은 오히려 뉴턴 역학의 결정론과 인과율이 철저하게 추구되고 심화된 후에야 그러한 비결정론적·비인과율적 성격을 띠게 되었다는 사실이다. 이를 인식한다면 현대 물리학이 유가 전통 자연관과 비슷하다거나 유가 전통 자연관이 현대 과학적 성격을 지녔다고 말할 수는 없을 것이다.

사람들은 유가 전통에서 현대 과학과 비슷한 또 다른 요소들도 찾아냈다.[6] 예를 들어 니덤은 유가 전통 자연관의 주축이라 할 수 있는 주희의 자연관에 대해 그 일반적 성격을 '유기체론적'이라고 부르고 그것이 현대 과학과 부합한다고 지적했다. 물론 니덤의 이와 같은 성격 규정이 잘못된 것이라고 할 수는 없다. 왜냐하면 그가 '유기체론적'이라는 말을 '기계론적'이라는 말과 대립되는 의미에서 사용하고 있고 분명히 주희의 자연관은 기계론

6 이 문단과 이어지는 문단의 논의에 대한 더 자세한 내용은 김영식, 「'화석', '유기체적 세계관', '땅의 운동': 서구의 시각으로 동아시아 과학을 평가할 때의 문제점」, 『동아시아 과학의 차이: 서양 과학, 동양 과학, 그리고 한국 과학』(사이언스북스, 2013), 39-53쪽을 볼 것.

적이기보다는 유기체론적인 성격이 더 강했기 때문이다. 그리고, 니덤이 주장하듯이, 주희의 생각이 라이프니츠(Gottfried Wilhelm Leibniz, 1646-1716)의 '모나드(monad)의 철학'에, 그리고 더 나아가 화이트헤드(Alfred N. Whitehead, 1861-1947)의 유기체론적인 철학(니덤이 보기에는 현대 과학과 아주 잘 부합하는)에 영향을 미쳤을 가능성도 생각할 수 없는 것은 아니다. 그러나 이런 식으로 주희, 라이프니츠, 화이트헤드 등의 성격을 비교함으로써 우리가 볼 수 있는 것은 기껏해야 문화 간 상호유사성과 상호영향 가능성의 한 예일 따름이다. 그 같은 가능성의 수준에서 더 나아가서, 주희의 자연관이 뉴턴의 고전역학이 보인 압도적인 기계론적 성격을 극복한 현대 과학의 성격을 지녔다고 생각한다든가, 기계론적인 과학이 야기한 여러 문제들에 시달리는 현대인들에게 바람직한 자연관이라고 주장한다면 그것은 큰 잘못이 될 것이다.

그 밖에도 니덤은 앞서 언급한 '동류상동'에 대한 믿음에서 '장 이론(field theory)'의 씨앗을 발견하기도 했고, 음양 속성들의 순환적 반복에서 양자역학의 '파동-입자 이중성(duality)' 중 '파동'의 측면을 연상하기도 했다. 높은 산 위에 있는 조개껍질에 대한 주희의 언급을 두고서 니덤은 주희가 서양인들보다 여러 세기 앞서 화석의 형성 과정을 이해했음을 보여 준다고 주장하기도 했다. 유가 전통 자연관과 현대 과학 간 유사성의 사례로 사람들이 발견한 것들은 대부분 이처럼 피상적 수준에 머물렀다.

물론 나는 이러한 유사점들이 존재하지 않는다거나 그것들이 흥미롭지 않다고 말하려는 것은 아니다. 내가 말하고자 하는 것은 비록 이러한 피상적인 유사점들이 흥미롭고 간혹 유용한 통찰을 담고 있기는 하지만 거기서 더 나아가서 그 동기, 논의 유형, 세부 내용 등 여러 맥락에서 서로 근본적으로 다른 현대 과학과 유가 전통 자연관의 관계에 관한 의미 있는 결론을 이끌어낼 수는 없다는 것이다. 또한 나는 유가 전통 사상과 자연관을 격하시키거나 서양 과학 전통과 비교하여 그 약점을 강조하려고 하는 것도 아니다. 내가 지적하려고 하는 것은 현대 과학과의 피상적인 유사성에 바탕해서 유가 전통 자연관과 과학, 나아가 유가 사상 전체를 잘못 이해하게 되는 위험성이다. 유가 전통 자연관의 가치와 중요성은 그것이 서양에서 유래해서 현재 전 세계가 받아들이고 있는 현대 과학과 얼마나 비슷한가, 또는 이 같은 현대 과학이 빚어 놓은 문제들을 얼마만큼 잘 해결해 줄 수 있는가에 따라 평가되는 것이 아니다. 유가 전통 자연관의 진정한 가치는 그것이 유교가 주도했던 동아시아 전통 사회와 문화 속에서 어떤 위치를 지녔고, 그 속에서 문제들의 이해와 해결에 어떤 역할을 했는지에 의해 정해지는 것이다.

위에서 언급한 첫 번째 경향, 즉 유교의 다양한 관념, 덕목, 전제, 믿음, 성향 등을 오늘날 동아시아의 경제적 성공에 바탕이 되는 중요한 요인으로 간주하고 유교의 다양한 요소들이 경제 및 산업 발달과 관련되어 있다고 보는 경향은 더 근래에 등장했지만 대중적으로는 더 널리 퍼져 있다.[7] 나는 이와 관련한 최근 문

7 이에 관한 더욱 정교한 논의는 다음 책에 수록된 글들을 볼 것.

헌들에 정통하지는 않지만, 그 바탕에 깔린 가정에는 기본적으로 동의한다. 동아시아를 오랫동안 지배해 온 유교의 어떤 요소들이 동아시아의 최근 경제 발전에 어떤 역할을 했으리라는 믿음은 전혀 불합리하지 않기 때문이다.[8] 그러나 이로부터 더 나아가 유교의 요소들과 과학 발전 사이에 관계가 있다는 식으로 확장하는 것은 전혀 다른 문제이다.[9] 또한 여기서 논의 쟁점의 선택이 현대의 상황과 관심사에 의해 좌우되었다는 사실에도 주의할 필요가 있다. 그것은 대개 현대 동아시아 경제의 성공에 먼저 주목한 뒤,

---

Tu Wei-ming, ed., *Confucian Traditions in East Asian Modernity: Moral Education and Economic Culture in Japan and the Four Mini-Dragons* (Cambridge: Harvard University Press, 1996).

8 이 상황은 서양 과학의 발전에서 기독교의 역할에 대한 논의를 둘러싼 상황과 놀랍도록 유사하다. 서양의 역사에서 지배적인 요소였던 기독교가 서양 과학의 발전에 중요한 역할을 했으리라는 것은 당연한 일이기 때문이다. 서양의 역사에서 과학과 기독교의 관계에 대해서는 다음 글들을 볼 것. David C. Lindberg and Ronald L. Numbers, *God and Nature: Historical Essays on the Encounter between Christianity and Science* (Berkeley: University of California Press, 1986); John H. Brooke, *Science and Religion: Some Historical Perspectives* (Cambridge: Cambridge University Press, 1991).

9 서양의 경우 경제 발전에서 과학 발전으로 비슷하게 확장시킨 논의가 머튼(Robert K. Merton)에 의해 이루어졌다. 그는 프로테스탄트 윤리와 자본주의 등장의 관계에 관한 베버(Max Weber)의 통찰을 원용하여 청교도주의와 근대 과학의 관계에 관한 자신의 유명한 명제를 제기했다. Robert K. Merton, "Science, Technology and Society in Seventeenth Century England," *Osiris* 4 (1938), pp. 360-632.

이어서 동아시아 지역의 과거를 지배한 유교에서 그 원인을 찾는 방식이었고 그 과정에서 자주 현대적 관점, 대개는 서양 중심의 관점이 도입되었다. 그보다는 먼저 유교 전통 자체의 사상과 실행을 살펴보고, 자연현상에 대한 유가 전통의 이해가 가지는 특성과 유교 중심의 문화·사회 속에서 이루어진 과학 발전 사이의 관계를 살피는 것이 더 적절하고 유익할 것이다.

그렇다면 이것이 내가 이 책에서 채택할 접근법이다. 이러한 접근법을 채택함으로써 동아시아에서의 유가 전통 자체의 맥락을 살펴볼 수 있을 것이며, 불필요하거나 도움이 되지 않는 서양 중심의 시각을 회피할 수도 있을 것이다. 또한 그렇게 함으로써 유가 전통의 긍정적인 영향과 부정적인 영향을 함께 살펴볼 수 있을 것이다.[10] 이 책에서 나는 바로 이런 생각에 바탕해서 전통 시기 동아시아를 지배했던 유가 전통에서 자연세계와 그 속의 현상 및 물체들에 대한 기본 태도를 살펴보고, 나아가 이 같은 태도가 인간과 자연세계에 대한 유가 전통의 견해와 태도에 어떤 식으로 영향을 미쳤는지를 검토해 볼 것이다.

10 20세기 초에 지배적이었던 부정적인 평가들은 동아시아의 맥락에 대한 고려가 부족했던 반면, 최근의 긍정적 평가들은 긍정적인 결과만을 찾으려 했다는 점에서 편파적임을 지적할 수 있겠다.

2. 자연세계: 천지, 만물, 인간

유가 전통에 자연세계를 가리키는 단어는 존재하지 않았다. 전통 시기에 '자연(自然)'이라는 말은 글자가 가리키는 그대로 '저절로 그러하다'라는 뜻이었다. 오늘날의 자연세계라는 뜻에 가장 가까운 전통 시기의 표현은 '천지(天地)'로, '천지'라는 말은 하늘과 땅만이 아니라 자연세계 전체를 지칭했다. 때로 '천(天)'이라는 글자는 하늘만이 아니라 자연세계 전체를 가리키기도 했다.

인간과 자연세계('천' 또는 '천지') 사이의 관계는 여러 측면들을 지니고 있었다. 그중 가장 두드러진 측면은 '천-지-인(人)' 삼재(三才), 즉 인간이 하늘과 땅 사이에서 조화롭게 사는 세상이라는 관념이었다. 이 같은 견해는 『중용(中庸)』의 "[인간이] 천지가 변화시키고 기르는 것을 도울 수 있다면, 인간은 천지와 더불어 셋[三]이 될 수 있다."라는 구절에서 찾아볼 수 있다.[1] 주희는 이 구절에 다음과 같은 주해(註解)를 달았다.

> 인간은 그[즉 천지] 사이에 섞여 구별되지 않는 가운데에서 생겨났다. 만약 [인간이] '리(理)'를 조화시키는 공을 다하면 때에 맞는 바람과 비가 있을 것이고 비정상적인 기(氣), 가뭄, 메뚜기에 의한 피해는 없을 것이다. 오곡(五穀), 뽕나무, 삼[麻]이 있고 잡초와 덩굴 독초는 없을 것이다. 이것이 인간이 천지와 함께 셋이 되어 천지의 변화와 성장을 돕고 천지가 인간을 기다려 함께 '삼재(三才)'가 되는 까닭이다.[2]

이 같은 '삼재' 관념은 기본적으로 인간과 천지가 서로 돕는 관계를 보여 준다. 물론 하늘(또는 천지)은 분명히 인간과 만물을 생성하고 주재(主宰)한다. 그러나 하늘이 홀로 모든 것을 하는 것은 아니다. 하늘이 할 수 없고 인간이 하늘을 대신하여 하는 일들이 있기 때문이다. 앞에 인용한 『중용』 구절의 전반부는 이 같은 생각을 표현한 것이며 주희는 이에 대해 다음과 같이 설명했다.

---

1 "可以贊天地之化育, 則可以與天地參矣.": 『中庸』 22장.
이 책은 일반인들을 대상으로 한 교양강좌 성격의 강연 내용을 바탕으로 한 것임에도 학문적 논저의 성격을 완전히 버리지는 않았다. 특히 많은 직접 인용문들에 대해 그 출전과 원문을 각주에 실어 관심 있는 독자들이 참고할 수 있도록 했다.

2 "人生其間, 混然中處. 盡其燮理之功, 則有景風時雨, 而無戾氣旱蝗. 有五穀桑麻, 而無荑稗鉤吻. 此人所以參天地贊化育, 而天地所以待人而爲三才也.": 『朱文公文集』(四部備要本) 권73, 40a쪽.

인간은 하늘과 땅의 중간에 있으니 비록 [하늘과 인간의 '리'가] 하나의 '리'이기는 하지만 하늘과 인간은 각각 자신의 역할을 지니고 있다. 인간은 할 수 있지만 하늘이 할 수 없는 일이 있다. 예를 들어 하늘은 사물을 생성할 수 있지만 씨앗을 뿌리기 위해서는 인간을 써야 한다. 물은 사물을 적실 수 있지만 [하늘은] 관개(灌漑)를 하려면 인간을 써야 한다. 불은 사물을 태울 수 있지만 [하늘은] 장작을 [모아] 요리하려면 인간을 써야 한다.[3]

주희는 천지의 일반적인 속성들을 사용해서 인간과 천지의 이 같은 관계에 대해 이야기하기도 했다. 예를 들어 "하늘은 단지 움직이고 땅은 단지 정지함이다. […] 인간이 움직임과 정지를 결합시킨다."[4] "하늘은 '덮을[覆]' 수는 있으나 '실을[載]' 수는 없으며, 땅은 실을 수는 있으나 덮을 수는 없다."[5] 오직 인간만이 두 가지를 다 할 수 있는 것이다.

인간과 천지 간 관계의 또 다른 측면은 대우주(macrocosm)-소우주(microcosm)의 유비 관계, 즉 소우주로서의 인간이 대우주

3 "人在天地中間, 雖只是一理, 然天人所爲, 各自有分. 人做得底, 却有天做不得底. 如天能生物, 而耕種必用人. 水能潤物, 而灌溉必用人. 火能熯物, 而薪爨必用人.": 『朱子語類』(臺北: 正中書局, 1962) 권64, 10a쪽.

4 "蓋天只是動, 地只是靜. … 人便兼動靜.": 『朱子語類』 권100, 6b-7a쪽.

5 "天能覆而不能載, 地能載而不能覆.": 『朱子語類』 권110, 4b쪽. 여기서 주희는 『중용』(31장)의 "하늘이 '덮은' 것과 땅이 '실은' 것[天之所覆, 地之所載]"이라는 구절에 대해 언급하고 있다.

인 천지의 축소판이라는 생각이었다.[6] 예를 들어 주희는 "하늘은 단지 큰 사람이고 인간은 단지 작은 하늘이다."라거나 "인간은 단지 작은 아이이고 '천지'는 단지 큰 아이이다."라고 하면서 그 같은 생각을 자주 표현했다.[7] 인간의 배꼽을 땅의 중심이라고 믿어진 숭산(嵩山)에 비유하고, 탯줄을 천체의 회전축에 비유하는 식으로 인간과 천지를 직접 비교하는 경우도 있었다.[8] 인간의 모습을 우주의 형태에 직접 비교하여 "인간의 머리는 둥글어서 하늘의 모양이고 인간의 발은 네모나서 땅의 모양이다."라고 하기도 했다.[9] 인간과 천지 사이의 이 같은 평행 관계는 더 나아가 인간이 우주 전체와 하나가 되며 우주 만물이 인간 안에 있다는, 동일함의 관계로 바뀌기도 했는데, 주희의 다음과 같은 언급이 이를 보여 준다.

---

6 이 같은 생각에 관한 중국과 서양 사상의 간략한 비교는 Joseph Needham, *Science and Civilisation in China*, vol. 2 (Cambridge: Cambridge University Press, 1956), pp. 294-303에 실려 있다. Derk Bodde, "Harmony and Conflict in Chinese Philosophy," in Arthur F. Wright, ed., *Studies in Chinese Thought* (Chicago: University of Chicago Press, 1953), pp.19-80 중 특히 p.55에서는 동중서(董仲舒, 기원전 176-104)에서 보이는 그 같은 유비 관계의 예들을 제시했다.

7 "天便脫模是一箇大底人, 人便是一箇小底天.": 『朱子語類』 권60, 4b쪽; "人便是小胞, 天地是大胞.": 『朱子語類』 권53, 4a쪽.

8 "嵩山不是天之中, 乃是地之中. … 南極北極, 天之樞紐, 只有此處不動, 如磨臍然. 此是天之中至極處, 如人之臍帶也.": 『朱子語類』 권2, 6b쪽.

9 "人頭圓象天, 足方象地.": 『朱子語類』 권4, 9a쪽.

하늘은 곧 사람이고 사람은 곧 하늘이다. 사람이 처음 생겨날 때 하늘로 인해 생겨났다. [하늘이] 이 사람을 일단 생성하면 하늘 또한 사람 안에 있다. 무릇 말, 동작, 보는 것, 듣는 것은 모두 하늘이다. 지금 [내가] 말할 때 하늘은 바로 여기에 있다.[10]

자연세계, 즉 천지 안에는 인간만이 아니라 만물이 함께 존재한다. 하늘은 인간만이 아니라 만물을 생성했고 그렇게 천지에 의해 생성된 인간과 만물은 하늘과 땅 사이에서 살고 존재하는 것이다. 인간과 만물은 하늘과 땅의 기[天地之氣]와 마음[天地之心]을 받아서 자신들의 기와 마음을 이룬다. 따라서 위에서 본 인간과 천지의 관계는 만물과 천지의 관계로도 나타났다. 예컨대 인간과 천지의 평행 관계는 만물과 천지의 관계에서도 나타나서, 주희는 "'천지'는 큰 '만물'이고 '만물'은 작은 '천지'이다."라고 이야기했다.[11] 천지와 동일함의 관계도 인간에게 한정되지 않고 모든 만물에까지 확대되었다. 주희는 "대개 천지와 만물은 원래 나의 한 몸이다."라고 이야기했다.[12]

---

10 "天卽人, 人卽天. 人之始生, 得於天也. 旣生此人, 則天又在人矣. 凡語言動作視聽, 皆天也. 只今說話, 天便在這裏.": 『朱子語類』 권17, 14b쪽.

11 "天地, 便是大底萬物, 萬物, 便是小底天地.": 『朱子語類』 권68, 16a쪽. 여기서 '萬物'이라는 말은 이 세상의 사물 모두가 아니라 그것들 중 하나만을 가리킨다.

12 "蓋天地萬物本吾一體.": 『四書集注』(中庸)(四部備要本), 2a쪽.

한편 천지, 인간, 만물로 이루어진 이 세계는 그 안에 비단 '물리적'이거나 '물질적'이라고 특징지을 수 있는 것들만이 아니라 그 외의 모든 것을 다 포함했다. 그리고 그 세계 속에 '자연적'인 영역과 '비자연적'인 영역의 구분은 없었다. 자연세계는 인간과 사회를 포함하는 이 큰 세계의 일부분이었고, 그것들 사이에 경계는 없었으며, 자연세계는 '비자연'의 세계인 인간, 사회와 조화롭게 존재했다. 따라서 인간을 자연세계(천지)로부터 분리해 주는 엄격한 구분은 없었다.

물론 '인간 – 사물', '인간 · 동물 – 식물 – 무생물', '인간 – 동물 – 식물 · 무생물' 등의 구분은 있었다. 유학자들은 그중 인간과 인간 이외의 사물 사이의 구별에 가장 관심이 있었다. 그들에게 인간은 독특한 존재였다. 유학자들은 인간을 '만물'의 일부로 여기지도 않아서 '물(物)'이라는 말로 인간을 지칭하는 일은 결코 없었다. 인간과 인간 이외의 사물 사이의 구분은 품부(稟賦)받은 기의 차이에 의한 것이었다. 사물은 탁하고 치우치고 어둡고 막히고 가려진 기를 품부받은 반면, 인간은 바르고 맑고 온전하고 통하고 균형 있고 영(靈)적이고 뛰어난 기를 품부받았으며, 이 같은 차이점 때문에 사물은 어둡고 흐리고 몽매하고 치우친 반면 인간은 밝고 영적이고 온전한 것이다.

유학자들에게 인간을 인간 이외의 것들과 구분 짓는 핵심적인 차이는 인간의 윤리적 덕목에 있었다. 예컨대 주희는 "배고프면 먹고 목마르면 마시는 것과 이익을 찾고 손해를 피하는 일 같은 것은 인간도 할 수 있고 금수(禽獸) 또한 할 수 있는 것이다.

만약 [인간이] 의(義)와 리(理)를 알지 못한다면 그것들과 같다." 고 이야기했고,[13] 인간을 동물과 구별해 주는 그 같은 덕목으로 오륜(五倫)을 들었다: "인간이 금수와 다른 점은 부자 사이에 친함이 있고, 군신 사이에 의(義)가 있고, 부부 사이에 구별이 있고, 어른과 아이에게 순서가 있고, 친구 사이에 믿음이 있다는 것이다."[14]

주희는 동물들이나 심지어는 식물들이 인간의 덕목 중 어떤 것을 지닐 수 있다는 점을 인정했다. 예를 들어 호랑이는 인(仁)이 있어서 부자 사이에 친함을 알고, 수달은 조상들에게 제사를 지내고, 고양이는 다른 고양이 새끼들에게 젖을 먹이고, 어떤 새들은 효성스러운 모습을 보이고, 저구(雎鳩)라는 새는 암컷과 수컷 사이의 구별을 알며, 개미와 벌은 의(義)와 군신 관계를 보여준다는 것이었는데, 주희는 큰 나무와 작은 나무 사이에서 부자 관계를 보기도 했다.[15] 그러나 이 같은 예들에서 주희가 말하고자 한 것은 이 '사물'들이 단지 이들 특정 덕목들만을 보일 뿐 다른 덕목들은 보이지 않는다는 점이었다. 주희는 "지각(知覺)하고 운동하는 것은 사람도 할 수 있고 사물들도 할 수 있다. 그리고

---

13 "如飢食渴飮, 趨利避害, 人能之, 禽獸亦能之. 若不識箇義理, 便與他一般也.": 『朱子語類』 권59, 12b쪽.

14 "人之異於禽獸, 是父子有親, 君臣有義, 夫婦有別, 長幼有序, 朋友有信.": 『朱子語類』 권57, 8b쪽.

15 여기서부터 이 장 뒷부분의 논의에 대한 더 자세한 내용은 김영식, 『주희의 자연철학』(예문서원, 2005), 294-300쪽을 참고할 것.

인의예지(仁義禮智)는 [인간 이외의] 사물도 물론 지니고 있지만 어떻게 [사물이] 그것들을 모두 지닐 수 있겠는가?"라고 말하고[16] 그 이유를 다음과 같이 설명했다.

> 인간의 마음은 허령(虛靈)하여 그 안에 많은 도리를 포함하고 순환시킬 수 있어서 통하지 않음이 없다. [인간] 안의 품부된 기에 어두운 것이 있다 하더라도 [인간의 마음은] 또한 그것을 극복하여 밝게 만들 수 있다. 만물의 마음은 여러 도리를 포함하여 순환시키지 못한다. 비록 그 안에 약간 바른 기가 품부된 것이 있다 하더라도 한두 측면에서 밝은 데 그친다. 예를 들어 동물 중에는 부자 사이에 서로 사랑함이 있고 암컷과 수컷 사이에 구별이 있는 부류가 있다. [그러나 이것들은] 한두 밝은 측면만 있을 뿐이어서 다른 도리들은 모두 통하지 않는다.[17]

주희는 또한 동물들의 지식과 능력이 치우침을 지적하여 "개는 지킬 수만 있고 소는 땅을 갈 수만 있는데 인간은 모르는 것이 없고 할 수 없는 것이 없다."고 했다.[18]

---

16 "知覺運動, 人能之, 物亦能之. 而仁義禮智, 則物固有之, 而豈能全之乎.": 『朱子語類』 권4, 2b쪽.

17 "人心虛靈, 包得許多道理過, 無有不通. 雖間有氣稟昏底, 亦可克治使之明. 萬物之心, 便包許多道理不過. 雖其間有稟得氣稍正者, 亦止有一兩路明. 如禽獸中有父子相愛雌雄有別之類. 只有一兩路明, 其他道理便都不通.": 『朱子語類』 권57, 7b쪽.

18 "犬但能守禦, 牛但能耕而已, 人則無不知無不能.": 『朱子語類』 권4,

물론 인간을 동물과 구별하는 다른 특성들도 있었다. 주희는 말하는 능력을 그 같은 특성으로 여겼다. 즉 말은 인간을 원숭이 같은 것과 구별지어 주는 것으로 보아 "원숭이의 모습은 인간과 비슷하고 다른 것들보다 더 영적이지만 다만 말은 할 수 없다."고 했다.[19] 인간의 직립 자세도 주희가 언급한 또 다른 예이다. 그는 서 있는 자세에 바탕해서 인간, 동물, 식물을 다음과 같이 구분하기도 했다.

> 하늘에서 근원한 것은 위와 친하고 땅에서 근원한 것은 아래와 친하다. 예를 들어 사람의 머리는 위로 향해 있으므로 가장 영적이다. 초목의 머리는 아래로 향해 있어서 가장 무지하며, 금수의 머리는 옆으로 향해 있으므로 무지하다. 원숭이들이 다소 영적인 것은 때로 이들의 머리가 사람의 머리와 비슷해서 약간 위를 향할 수 있기 때문이다.[20]

그는 심지어 인간과 사물이 지닌 기의 속성들에 차이가 있는 것을 이들의 서 있는 자세의 차이 때문으로 여기기까지 했다. 인간

9a쪽.

19 "至於獼猴, 形狀類人, 便最靈於他物, 只不會說話而已.": 『朱子語類』 권4, 2b쪽.

20 "本乎天者親上, 本乎地者親下. 如人頭向上, 所以最靈, 草木頭向下, 所以最無知, 禽獸之頭橫了, 所以無知. 猿狙稍靈, 爲他頭有時也似人, 故稍向得上.": 『朱子語類』 권98, 8b쪽. 이로부터 주희가 뿌리를 식물의 '머리'로 간주했음을 알 수 있다.

은 직립하여 천지의 바르고 맑은 기를 받는 반면 사물은 직립하지 못하기 때문에 치우치고 탁한 기를 받는다는 것이다.

유학자들은 동물에 가까운 사람들도 있다고 생각했다. "만약 [인간이] 그의 영[적인 특성]을 잃어서 어지럽혀지면 어떻게 금수와 구별할 수 있겠는가?"라는 주희의 말이 그 같은 생각을 보여준다.[21] 그는 심지어 "오랑캐는 인간과 동물 사이에 있다."고 보았다.[22] 따라서 인간이 모든 덕목들을 지닌다는 앞에서 본 주희의 말은 실제 사실에 대한 서술적 진술이라기보다는 오히려 규범적 진술이었다. 모든 인간이 모든 덕목을 발현할 수 있는 것은 아니며 그러한 이상적 인간은 아주 드물게 존재할 뿐이다. 실제로 인간이 가진 기품(氣稟)의 차이 때문에 인간들 사이에도 속성의 차이가 있었다: "인간이 품부받은 [기]에 대해 말하자면, 또한 어두운 것과 밝은 것 그리고 맑은 것과 탁한 것의 차이가 있다."[23] 주희는 도덕적 속성에 따라 인간을 다음과 같이 분류하기도 했다.

> 군자(君子)는 모든 일을 해낼 수 있고 따라서 "군자는 [단순한] 그릇[器]이 아니다."라고 말한 것이다. 선인(善人)은 군자[의 수준]에 이르지는 못하고 다만 좋은 일과 나쁜 일이 있음을 알아서 좋은 일을 기꺼이 하려 하고 나쁜 일을 기꺼이 하려 하지 않는다. 상

---

21 "(人) … 若迷其靈而昏之, 則是與禽獸何別.": 『朱子語類』 권60, 15a쪽.
22 "夷狄, 便在人與禽獸之間.": 『朱子語類』 권4, 3b쪽.
23 "人之所禀而言, 又有昏明淸濁之異.": 『朱子語類』 권4, 9a쪽.

자(常者)는 선인[의 수준]에조차 이르지 못하고 다만 자신의 본분에 비추어 따를 뿐이다.[24]

품부받은 기의 차이는 인간 이외의 것들 사이에서도 차이를 빚어낸다. 예를 들어 주희는 개와 소 또는 원숭이와 돼지의 속성 차이를 그들에게 품부된 기의 차이로 돌렸다. 그는 인간 이외의 것들을 구분하는 여러 가지 기준들을 이야기했는데, 그중에서도 식물은 지식[知]을 지니지 않은 반면 동물은 지식을 지닌다는 것을 가장 중요하게 여겼다. 심지어 벼룩이나 이 같은 것들조차도 "지식을 지녀서 예를 들어 배가 고프면 사람을 물어뜯"지만 식물은 지식을 지니지 않는다고 보았다.[25] 주희는 식물에 상처가 나면 말라서 다시는 소생하지 않는다는 사실을 언급하면서 식물이 지식과 비슷한 속성을 지니고 있음을 인정했지만, 그에게 이것은 지식을 지닌 것이 아니라 '생의(生意)'를 상실한 결과를 보여 주는 것일 뿐이었다. 그는 또한 식물이 지각(知覺)을 지니지 않는다고 생각했다. 예를 들어 양지바른 쪽을 향한 식물은 잘 자라는 반면

24 "君子是事事做得去, 所謂君子不器. 善人則又不及君子, 只是知得有善有惡, 肯爲善而不肯爲惡耳. 有常者又不及善人, 只是較依本分.": 『朱子語類』 권34, 33b쪽.
주희가 보통 사람의 수준에도 도달하지 못한 사람들, 즉 자신의 본분에 비추어 따르는 것조차도 하지 못하는 사람들에 대해 언급하지 않았다는 점은 주목할 만하다. 그는 그런 사람들에게 '인간'이라는 이름을 붙일 가치가 없다고 생각한 것이다.

25 "蚤虱亦有知, 如飢則噬人之類是也.": 『朱子語類』 권17, 5a쪽.

음지 쪽을 향한 식물은 시든다는 사실은 그로 하여금 식물이 마음[心]은 지니고 있지만 지각은 지니고 있지 않는다는 것을 인정하게 했다.[26]

26 "天下之物 … 皆有心, 只是有無知覺處爾. 且如一草一木, 向陽處便生, 向陰處便憔悴.": 『朱子語類』 권4, 4b쪽.

3. 천(天)과 천리(天理): 자연세계와 도덕

유가 전통에서 '천(天)'이라는 말은 다양한 의미를 지녔는데, 그중 다음과 같은 네 가지 의미가 두드러진다.

1) 물리적 하늘
2) 자연세계와 그 속의 물체 및 현상들
3) 자연세계와 인간세계 양쪽 모두의 '리(理)'
4) 이 세계를 통제하고 지배하는, 즉 '주재'하는 초월적 존재

'천'은 주(周) 왕조 초기에 조상신(祖上神)을 의미하는 개념으로 시작한 후 길고 복잡한 과정을 거치면서 진화하여 이 같은 다중의 의미를 지니게 되었다.[1]

1 이 장의 많은 부분은 김영식, 『주희의 자연철학』(예문서원, 2005), 183-188쪽의 논의에 바탕했다.

'천' 개념의 진화 과정은 대체로 두 갈래로 진행되었다. 그 한 갈래는 '천' 개념에서 인격신(人格神)의 성격이 점차 약화되는 과정으로 요약될 수 있다. 물론 '천'이 세상 모든 것을 통제하고 지배하고 주재한다는 생각에는 변함이 없었지만, 시간이 지남에 따라 더 일반적이고 추상적이고 심지어 관념적인 신(神)의 성격을 띠게 되었던 것이다. 이 과정이 더욱 진행됨에 따라 '천'은 또한 세상의 인간과 만물을 생성해 내는 것으로 생각되기도 했고, 심지어 인간과 사물이 생겨날 때 품부받은 '명(命)'과 '성(性)'을 의미하기까지 했다. 그리고 이 과정을 통해서 '천'은 원래의 의미에 존재했던 도덕적 측면을 계속 유지해 나갔다. '천' 개념의 발전 과정에 있어 또 다른 갈래는 조상신이 있다고 믿었던 장소인 물리적인 하늘과 '천'을 연관시키는 데서 비롯되었는데, 그것은 '천' 개념으로부터 도덕적 성격을 분리하는 과정을 수반했다. 이 두 번째 갈래의 의미 역시 점차 확대되어, 처음에는 하늘을 포함한 자연세계 전체로, 다음에는 자연세계에서 일어나는 일들과 과정들로, 그리고 마지막으로 자연세계에서 일어나는 그 같은 일들과 과정들의 밑바탕에 있는 '리(理)'에까지 이르렀다.

그런데 이 두 갈래의 발전 과정이 진행되면서 그 결과는 한 방향으로 수렴되었고 두 측면들은 다시 연결되었다. 그리고 이렇게 '천' 개념의 물리적·자연적 측면이 그것의 도덕적 측면과 연결됨으로써 자연세계에 도덕적 속성들이 부여되었던 것이다. 나아가 이 같은 연결에 의해 '천' 개념은 자연세계가 도덕적으로 중립성을 지닌다는 생각을 보완하게 되었으며, 그 결과 '천'이란 말로

대표되는 자연세계의 과정들을 인간의 윤리적 행위의 근거가 되는 기준으로 받아들일 수 있게 되었다.[2]

앞에서 본 '천'의 여러 의미 중 우리에게 가장 문제가 되는 것은 네 번째, 즉 '이 세상을 주재하는 초월적 존재로서의 하늘'이라는 의미이다. 그렇다면 '천'이 세상의 모든 것을 주재한다는 것은 무슨 의미일까? 유학자들은 "'천'이 세상을 주재한다."라는 말을 자주 했지만 '주재'의 의미에 대해서는 별로 이야기하지 않았다. 예컨대 주희는 '주재'의 의미가 무엇인지 명확히 이야기하는 일이 거의 없었으며, 하늘이 세상을 주재하는 것을 보여 주는 구체적인 예들을 제시하지도 않았다. 그 대신 주희는 '천'의 '주재'라는 측면을 자연세계의 현상들과 과정들의 자연스러움 및 자발성과 관련시켜 이야기했다. 예컨대 "주재가 무엇인가?"라는 한 제자의 물음에 그는 "하늘은 지극히 강(剛)하고 지극히 양(陽)인 것이다. 그것은 저절로 이와 같이 멈추지 않고 돈다. 이와 같이 되기 위해서는 그것을 '주재하는' 것이 반드시 있어야 한다."고 답했다.[3] '천'이라는 말 자체가 인간의 자연스럽고 자발적인 행동과 경향을 가리키기도 했다. 주희는 "군주와 신하, 아버지와 아들, 형과 아우, 남편과 아내, 친구 사이의 [관계들이] 각각 그 '리'를 따른다.

---

2 이 같은 관점에서는 도덕적으로 중립적인 자연세계와 도덕에 의해 지배되는 인간세계 사이의 마찰 같은 것은 생각할 수 없었다.

3 "蓋天是箇至剛至陽之物, 自然如此運轉不息. 所以如此, 必有爲之主宰者.": 『朱子語類』 권68, 2a쪽.

'천'을 아는 것은 이 '리'의 자연을 아는 것이다."라고 이야기했다.[4] 그는 심지어 배고프면 먹고 싶고, 목마르면 마시고 싶고, 겨울에는 털옷을 입고 여름에는 갈옷을 입고 싶은 것과 같은 인간의 타고난 성향들은 '천'이 가르쳐 준 것이라고 말했다.[5]

주재의 이 같은 측면은 '천'을 '리'로 보는 생각과 크게 다르지 않았으며, 결국 '천'과 '리'가 결합된 '천리(天理)'라는 개념으로 이어졌다.[6] '천리'는 모든 현상과 물체의 '리'들을 포괄하고 그것들 각각의 개별적인 '리'로 발현하는 단일한 보편적인 '리'이다. 사실 유학자들에게 중요했던 '리'의 한 측면은 개개의 사물에 대한 개별적 '리'들과 함께 이들 사물 전체에 대한 하나의 '리', 즉 천리가 존재한다는 것이다. "'리'는 하나이나 나누어져서 서로 다르다[理一分殊]."라는 정이(程頤, 1033-1107)의 유명한 말이 이를 나타내 주는데, 이 세상의 모든 물체와 현상은 각각 그것의 개별적 '리'가 있으며, 이들 개별적 '리'들은 모두 천리의 발현인 것이다.

물론 인간도 예외가 아니다. 인간에게서는 천리가 '인(仁)', '의(義)' 같은 덕목의 형태로 발현되는데, 이것이 인간의 '성(性)' 그 본연의 상태이다. 그리고 인간이 그 같은 덕목들을 잃고 사악한

---

4 "知性, 謂知君臣父子兄弟夫婦朋友各循其理. 知天, 則知此理之自然.": 『朱子語類』 권60, 4b쪽.

5 "問: 飢食渴飮, 冬裘夏葛, 何以謂之天職. 曰: 這是天敎我如此. …": 『朱子語類』 권96, 11a쪽.

6 여기서부터 이 장 뒷부분의 논의에 대한 더 자세한 내용은 김영식, 『주희의 자연철학』, 45-47쪽을 볼 것.

성격을 보이는 것은 인간의 욕망[人欲]에 의해 천리가 막히고 방해받기 때문이다. 따라서 욕망으로부터 벗어난 마음[心]의 상태에 도달하는 것이야말로 인간의 수신(修身)의 궁극적인 목표이며, 그 목표가 달성되면 인간의 마음은 천리를 완전히 발현하게 된다. 천리가 유학자들이 추구하는 궁극적 목표였던 것이다.

4. 음양, 오행: 상관과 순환

앞에서 보았듯이 유가 전통에서 자연세계 전체를 지칭하는 '천지'라는 말을 구성하는 '천(하늘)'과 '지(땅)'는 서로 대립되는 것으로 여겨지고, 서로 반대되는 속성들인 맑은 하늘과 흐린 땅, 가벼운 하늘과 무거운 땅, 움직이는 하늘과 정지한 땅, 밝은 하늘과 어두운 땅 등으로 특징지어졌다. 그런데 이렇게 하늘과 땅을 특징지어 주는 서로 반대되는 속성들 중 하늘의 속성들은 양(陽)의 속성이고 땅의 속성들은 음(陰)의 속성이었다. 서로 대립되는 하늘과 땅의 속성들이 유가 전통에서 세상 모든 종류의 이원적 속성들을 포괄하는 음양 이분법 체계의 속성이었던 것이다. 음양 이분법 체계에서는 움직임과 정지[動靜], 가고 옴[往來], 열림과 닫힘[開閉], 굽힘과 펼침[屈伸], 사라짐과 자라남[消長], 낮과 밤[晝夜], 해와 달[日月], 삶과 죽음[生死], 추위와 더위[寒暑], 남자와 여자를 비롯해서 한 쌍으로 볼 수 있는 거의 모든 것들이 음양과 연결되었다. 주희의 말에 따르면 "하늘과 땅 사이에 그 밖에 다른 무엇이 있는가? [모든 것이] 단지 '음'과 '양' 두 글자일 뿐이다. 어떤 사물을 보아도 음양과 분리할 수 없으며, [인간의] 몸을 두고 보아도, 눈을 뜨면 바로 음이 아니면 양이다."[1] 유가 전통에는 음양 이외에도 오행(五行), 사덕(四德), 십간십이지(十干十二支), 괘(卦) 등 다른 많은 범주들이 있었는데, 이들 범주도 여러 다양한 속성들과 연결되었다. 예컨대 세상의 여러 가지 특성들이 다섯 범주로 나누어져서 '목(木)', '화(火)', '금(金)', '수(水)', '토(土)'의 오행 중 한 가지씩과 연결되는 오행의 체계에서는 다섯으로 분류될 수 있는 세상의 거의 모든 물체, 현상, 개념 등이 오행과 연결되었다.[2]

그런데 이들 범주 중 하나의 범주와 연결된 여러 가지 속성들은 그것들 사이에 서로 연관이 지어지고, 그에 따라 상호 연관된 속성들의 연결망을 만들어 냈다. 예컨대 음양과 연관된 속성들은 그것들 상호 간에도 연결이 지어져서, 하나의 양의 속성은 다른 양의 속성들을 동반하고 그것들에 반응하며 그것들과 상호작용하는 것으로 간주되고, 음의 속성들은 이것들을 방해하고 억누르는 것으로 간주되었다. 주희는 이 같은 상호연결에 대해 자주 언급했다. 예를 들어 남자와 여자가 서로를 희구하는 이유를 설명하면서 다음과 같이 홀수-짝수, 움직임-정지 등의 음양 대

1 "天地之間, 別有甚事, 只是陰與陽兩箇字. 看是甚麼物事, 都離不得. 只就身上體看, 纔開眼, 不是陰便是陽.": 『朱子語類』 권65, 4b쪽.

2 음양과 오행에 대한 더 자세한 논의는 김영식, 『주희의 자연철학』(예문서원, 2005), 3장을 볼 것.

립쌍들을 서로 연결 지었다.

> 천하의 '리'는 하나인 것은 움직이고 둘인 것은 정지해야 한다. 예를 들어 남자는 [혼자 있으면] 반드시 여자를 구하고 여자는 [혼자 있으면] 반드시 남자를 구한다. 자연스럽게 움직임이 있다. 한 남자와 한 여자가 한 방에 거하게 되면 그 후에는 안정된다.[3]

부드러움과 단단함이 음과 양에 연관됨을 설명하면서는 다음과 같이 이야기했다.

> 양은 나아감을 주관하고 음은 물러남을 주관한다. 양은 자라남을 주관하고 음은 사라짐을 주관한다. 나아감과 자라남의 기는 강하고 물러남과 사라짐의 기는 약하다. 이것이 음과 양이 부드러움과 단단함이 되는 이유이다.[4]

오행 연관들도 서로 연결되어서, 동일한 행과 연관된 여러 다른 속성들은 그것들끼리 연결되었다. 예컨대 '목(木)'과 연관된 계절인 봄은 동쪽, 푸른색, 오성(五聲) 중의 각(角), 오장(五臟) 중의 간(肝), 오관(五官) 중의 시각[視] 같은 '목'의 다른 속성들과 연결

3 "天下之理, 單便動, 兩便靜. 且如男必求女, 女必求男, 自然是動. 若一男一女居室後便定.": 『朱子語類』 권65, 6a쪽.

4 "陽主進而陰主退, 陽主息而陰主消. 進而息者, 其氣彊. 退而消者, 其氣弱. 此陰陽之所以爲柔剛也.": 『朱文公文集』 권38, 11b-12a쪽.

되었으며, 물론 다른 행들의 연관들 사이에도 이와 유사한 상호연결이 있었다. 따라서 '목'에 속하는 간(肝)이 나빠지면 역시 '목'에 속하는 시각[視]이 나빠지며 '금'에 속하는 폐(肺)는 '금'에 속하는 청각[聽]에 영향을 미친다고 여겨졌다. 그 외에도 사계절과 사덕(四德: 元, 亨, 利, 貞)은 각각 오행과 기후, 사방(四方), 오상(五常) 등과의 상관관계를 통해 서로 연결됨으로써 수많은 4중(四重) 속성들의 연결망을 형성했다. 그것들은 더 나아가 '칠정(七情)' 중의 네 가지인 애(愛), 희(喜), 오(惡), 욕(欲)을 비롯해 다양한 4중의 인간적 속성들과도 연결되었다. 주희는 하루의 네 부분(낮, 밤, 새벽, 황혼)도 '사덕'과 연결 지었으며 심지어 난로의 다리 네 개에까지도 4중의 의미를 부여했다.[5]

어떤 속성들은 굳이 음양이나 오행 같은 기본 범주들과의 연관을 매개로 사용하지 않고 서로 직접 연결되었다. 중국 전통 음악의 기본 5음을 가리키는 '5성(五聲)'은 다섯 가지로 이루어진 여러 범주들과 연결되었는데, 예컨대 궁(宮)은 군주[君]와, 상(商)은 신하[臣]와, 각(角)은 백성[民]과, 치(徵)는 일[事]과 그리고 우(羽)는 사물[物]과 연결되었다. 한편 '12율(十二律)'의 각 '율'은 일 년 열두 달과 연결되었다. 또한 눈과 간(肝), 귀와 신장[腎]이 연결되는 등 인간의 감각기관들과 '오장(五臟)'이 연결되기도 했다. 실제

5 이 예들을 포함해서 다른 많은 오행 연관들이 김영식, 『주희의 자연철학』, 3장에 나와 있다. '사덕(四德)'에 대해서는 김영식, 『주희의 자연철학』, 4.4절을 참조할 것.

로 이런 종류의 상호연관들은 자연현상에 대한 유학자들의 논의에서 사용되는 주된 설명 양식이었으며, 그 같은 분류적이고 상호연관적인 특성은 전통 중국의 자연현상에 대한 담론에서 볼 수 있는 보편적인 특징이었다. 많은 현대의 학자들이 이 특성을 가리켜 '상관적 사고(correlative thinking)'나 '상응(correspondence)의 체계' 같은 표현을 사용했다.[6]

음양 이분법 체계의 또 다른 두드러진 특징은 음과 양이 끊임없이 번갈아 되풀이되고 서로를 뒤따른다는 것이었다. 이는 흔히 '음양의 순환(循環)'이라고 표현되었는데, 자연세계를 예로 들면 움직임과 정지, 열림과 닫힘, 굽힘과 펼침, 낮과 밤, 해와 달, 삶과 죽음, 추위와 더위, 내쉼과 들이쉼 등 음양의 속성들이 끊임없이 교체되는 것이다. 음과 양의 이 같은 순환에서 음이 극(極)에 도달하면 양이 나타나고 양이 자라서 극에 이르면 음이 다시 나타나는 과정이 끊임없이 계속된다. 그리고 음과 양이 계속해서 서로를 뒤따르기 때문에 이 둘 중 어느 것이 먼저이고 어느 것이 나중인지에 대한 구분은 있을 수 없다. 주희는 이 같은 순환을 두고 음과 양이 "고리처럼 끝이 없다."라고 표현했다.[7]

---

6 예를 들어 Joseph Needham, *Science and Civilisation in China*, vol. 2 (Cambridge: Cambridge University Press, 1956); John B. Henderson, *The Development and Decline of Chinese Cosmology* (New York: Columbia University Press, 1984)—번역: 문중양 옮김, 『중국의 우주론과 청대의 과학혁명』(소명출판, 2004) 등을 볼 것.

7 "一陰一陽, 如環無端.": 『朱子語類』 권76, 1b쪽.

음양 속성들만이 아니라 위에서 언급한 다른 분류적·상호 연관적 범주들도 순환적이어서 정해진 순서에 따라 끊임없이 순환했다. 여러 가지 음양 속성들이 지속적으로 되풀이되면서 시작과 끝이 없는 순환 사이클을 형성했듯이 사계절, 사덕, 식물의 생명주기 등 오행과 연결된 속성들도 정해진 순서에 따라 끝없이 순환했던 것이다. 유학자들에게는 그 같은 지속적인 순환의 반복은 자연현상의 보편적 특징이었는데, 누구나 쉽게 볼 수 있는 천체의 움직임, 계절의 변화, 바다의 조석(潮汐), 식물의 생명주기, 심지어는 자벌레[尺蠖]의 '굴신(屈伸)'의 움직임에 이르기까지의 자연현상들에서 순환적 특성이 너무나 명백했기에 이는 당연한 일이었다고 할 수 있다. 사실 순환의 반복은 자연현상에 대한 전통 유학자들의 논의에서 나타나는 또 하나의 주된 특징이 되었다.

5. 감-응: 원인-결과? 자연법칙?

앞 장에서 음양, 오행 등 유가 전통의 여러 범주 체계들에서 하나의 범주에 속하는 사물, 현상, 개념들이 서로 연결되어 상호작용함을 보았는데, 그 같은 상호작용이 정확히 어떤 것인가는 분명하지 않았다. 유학자들이 널리 사용한 '감응(感應)'이라는 개념이 그에 대해 들여다볼 수 있게 해 준다. 하나의 범주에 속하면서 서로 연결된 사물, 현상, 개념 사이에 감-응의 상호작용이 있었던 것이다. 헨더슨(John B. Henderson)의 말을 빌리면 이것은 일종의 "우주적 공명(cosmic resonance)"으로, "같은 범주이지만 다른 우주적 영역에 속한 사물들이 교감(交感)에 의해 서로에게 영향을 주어 잘 조율된 율관(律管)처럼 공명을 일으키는" 것이었다.[1]

1 John B. Henderson, *The Development and Decline of Chinese Cosmology* (New York: Columbia University Press, 1984), p. 20.

그런데 이 같은 감-응의 상호작용은 자연세계에 속하는 사물들과 현상들에만 국한되지 않았다. 사람 간 또는 사람과 사물들 및 현상들 간에도 감-응의 상호작용과 영향이 있는 것이다. 가장 자주 언급된 예는 인간의 행위가 자연현상들에 영향을 미칠 수 있다는 '천인상감(天人相感)'의 관념인데, 군주(君主)의 부도덕하거나 부적절한 행위가 하늘에 영향을 미쳐 재이(災異)를 일으킬 수 있다는 생각이 그 예이다. 예컨대 주희는 "군주가 허물과 잘못을 쌓으면 이것이 상서롭지 않은 일을 감(感)하여 불러들이며, 일식과 월식, 산의 붕괴와 냇물의 고갈, 가뭄과 기아 등의 변고(變故)를 일으킨다."라는 한 제자의 말에 전적으로 동의했다.[2]

감-응의 상호작용은 '순환적' 특성을 보이며 정해진 순서로 계속 반복하는 사물, 현상, 개념들 사이, 특히 끊임없이 교체하는 이원적 속성들 사이에도 존재했다. 그 전형적인 예들을 주희의 다음과 같은 언급에서 찾을 수 있다.

> 해가 지면 달을 감(感)하여 떠오르게 하며, 달이 지면 해를 감하여 떠오르게 한다. 추위가 가면 더위를 감하여 오도록 하고 더위가 가면 추위를 감하여 오도록 한다. 한 번 감하고 한 번 응하며 한 번 가고 한 번 오니 그 '리'는 무궁하다. 감응의 '리'는 이와 같다.[3]

---

2 "如人主積累愆咎, 感召不祥, 致有日月薄蝕, 山崩川竭, 水旱凶荒之變.": 『朱子語類』 권62, 19b쪽.

3 "如日往則感得那月來, 月往則感得那日來, 寒往則感得那暑來, 暑往則感得那寒來. 一感一應, 一往一來, 其理無窮. 感應之理是如此.":

이런 식으로 주희는 해와 달이 되풀이해서 뜨고 지는 것과 추위와 더위가 교체되는 것을 '감'과 '응'의 상호작용으로 인한 것이라고 보았다. '감'과 '응'이 이런 식으로 끊임없이 서로를 뒤따르기 때문에 감-응의 순환적 교체는 끝없이 진행된다. 하나의 '감'에 대한 '응'은 그 자체가 새로운 '감'으로 작용하여 또 다른 '응'을 가져오며, 이 같은 주기는 끊임없이 반복되는 것이다. 주희는 "이 하나의 일로 인해 또 하나의 일이 생겨나니 이들은 다만 감-응일 뿐이다. 이 두 번째 일로 인해 세 번째 일이 생겨나니 두 번째 일 또한 '감'이고 세 번째 일 또한 '응'이다."라고 이야기했다.[4]

이 같은 유형의 감-응 관계 역시 자연세계에서 일어나는 일에 국한되지 않았다. 예를 들어 주희는 "[자연세계의] 조화(造化)와 인사(人事)가 모두 이것[즉 감-응]이다."라고 이야기했는데,[5] 이 말에 이어 그가 언급했던 예들에는 밤에 잠을 자고 아침에 깨는 것, 그리고 낮에 활동하고 밤에 쉬는 것의 반복적 교체가 포함되었다. 그는 또한 사람의 말[言]과 침묵, 선과 악, 그리고 심지어 역사에서 흥함과 망함, 치세(治世)와 난세(亂世)의 반복적 교체에 대해서도 이야기했다. 사실 세상의 모든 것을 감응으로 볼 수 있었다. 주희는 "모든 일과 모든 사물에는 감응이 있다."거나, "천

『朱子語類』 권72, 2b쪽.

4 "因這一件事, 又生出一件事, 便是感與應. 因第二件事, 又生出第三件事, 第二件事又是感, 第三件事又是應.": 『朱子語類』 권72, 4a쪽.

5 "造化與人事, 皆是.": 『朱子語類』 권72, 2b쪽.

지간에 감응의 '리'가 아닌 것이 없다."거나, "이 [감응의] '리'가 있지 않은 곳이 없다."고 이야기했다.[6]

주희는 이 같은 순환적 교체에 대해 이야기하면서 "자연의 도리" 또는 "필연의 리" 같은 표현을 사용했다. 그에게 해와 달 그리고 추위와 더위가 교체하는 것은 그것들이 "저절로 이와 같이 감응"하기 때문이었다.[7] 그렇지만 그는 이 같은 상호작용의 성격에 관해, 즉 끊임없이 교체하는 사물, 현상, 개념 등의 짝들이 어떤 식으로 서로 '감'과 '응'으로 작용하는지에 대해서는 분명히 이야기하지 않았다. 주희는 단지 먼저 오는 것이 다음에 이어지는 것을 어떤 식으로인가 일으킨다는 믿음을 표현했을 뿐이었다. 예를 들면 "한 번 움직이고 한 번 정지하는 것이 끊임없이 순환한다. 그러므로 움직임이 극에 달하면 다시 정지하고 정지함이 극에 달하면 다시 움직인다고 말한다."라는 것이다.[8]

때로 주희는 '감'과 '응' 사이의 더 밀접한 관계를 언급하기도 했다. 예를 들어 그는 "자벌레[尺蠖]가 구부리지 않으면 펼 수 없다."고 이야기했다.[9] 그는 또한 "해가 가지 않으면 달이 오지 않고 달이 가지 않으면 해가 오지 않는다. 추위와 더위도 이와 같다."고

6 "事事物物皆有感應.": 『朱子語類』 권95, 20a쪽;
"在天地間, 無非感應之理.": 『朱子語類』 권72, 2b쪽;
"此理無乎不在.": 『朱子語類』 권72, 3a쪽.

7 "日月寒暑之往來, 皆是自然感應如此.": 『朱子語類』 권72, 4b쪽.

8 "一動一靜循環無端. 所以謂動極復靜, 靜極復動.": 『朱子語類』 권12, 17b쪽.

9 "尺蠖不屈, 則不可以伸.": 『朱子語類』 권72, 5a쪽.

했는데,[10] 이는 해가 지는 것이 달을 감하여 떠오르게 하고 달이 지는 것이 해를 감하여 떠오르게 한다는 것이었다. 그 외에도 주희는 낮과 밤, 추위와 더위, 비오는 날과 맑은 날, 굽힘과 펼침, 내쉼과 들이쉼, 그리고 심지어 아버지의 자애로움과 자식의 효성스러움 등이 서로를 감하여 서로 생기게 하는 능력에 대해 이야기했다. 또한 주희는 큰 '감'은 큰 '응'을 일으키고 작은 '감'은 작은 '응'을 일으킨다는 점을 지적하기도 했다.[11]

이런 예들에서 '감-응'의 관계는 '원인-결과' 관념을 떠올리게 한다. 사실 주희가 '감-응'이라고 불렀던 짝들 중에 몇몇은 원인과 결과라고 불러도 문제가 없어 보인다. 예를 들어 그는 "바람이 오는 것[즉 부는 것]은 '감'이고 나무가 움직이는 것은 '응'이다. 나무의 흔들림은 또한 '감'이고 그 아래 있는 사물의 움직임은 또한 '응'이다."라고 이야기했고,[12] 씨앗을 뿌리는 것과 싹이 돋는 것도 마찬가지로 '감'과 '응'의 관계로 보았다. 심지어 그는 첩(妾)을 들이는 것을 '감'으로 은(銀)그릇을 사는 것을 '응'으로 보기도 했다.[13] 물론 이 예들에서 '감'과 '응'이 서로 어떻게 작용하는가에 대한 주희의 생각은 내용이나 강조점 그리고 범주에 있어 원인-

---

10 "日不往則月不來, 月不往則日不來, 寒暑亦然.": 『朱子語類』 권72, 4b쪽.

11 "大感則大應, 小感則小應.": 『朱子語類』 권53, 6a쪽.

12 "如風來是感, 樹動便是應. 樹拽又是感, 下面物動又是應.": 『朱子語類』 권72, 3b쪽.

13 이 같은 예들에 대해서는 김영식, 『주희의 자연철학』(예문서원, 2005), 7.2절을 볼 것.

결과 관계에 대한 현대의 관념과는 달랐다. 그것들은 오늘날처럼 기계론적으로 이해되지 않았으며 정확히 정의될 수도 없었다. 그러나 그렇다고 해서 그에게 원인-결과 관계, 즉 '인과(因果) 관계'의 관념이 없었던 것은 아니다. '감'과 '응'에 대한 그의 생각들이 인과 관계에 대한 그의 생각과 이해를 나타내 준다고 말할 수 있을 것이다.

감-응의 상호작용에 관해 위에서 본 예들 중 많은 것들은 규칙적으로 일어나는 순환적 반복이었다.[14] 그러나 유학자들은 감응 작용의 예로 순환적인 규칙성만이 아니라 항상 일어나는 자연의 규칙성, 예를 들어 겨울은 추워야 하고 여름은 더워야 한다는 '상리(常理)'와 조수(潮水)의 빈도나 규모에 있어서의 '일정함[常]' 등을 이야기하기도 했다. 나무가 위로 자라는 것과 물이 아래로 흐르는 것을 '순리(順理)'라고 하고 반대의 경우를 '역리(逆理)'라고 했던 주희의 언급도 나무는 위로 자라야 하며 물은 아래로 흘러야 한다는 '상리'를 함축했다. 주희가 언급했던 이 같은 규칙성에는 사회적이거나 역사적인 예들도 포함되었다. 예를 들어 그는 "권력이 커지는 곳에는 폐해가 있다."라고 이야기했으며,[15] 심지어 그레셤 법칙(Gresham's law)과 비슷한 내용, 즉 "순수한(좋은) 돈은 항상 적고 불순한(나쁜) 돈은 항상 많다."라고 말하기도 했다.[16]

14 이하 이 장 논의의 더 자세한 내용에 대해서는 김영식, 『주희의 자연철학』, 521-526쪽을 볼 것.

15 "權重處便有弊.": 『朱子語類』 권134, 6b쪽.

16 "(且以撲錢譬之) 純者常少, 不純者常多.": 『朱子語類』 권4, 20b쪽.

주희는 이 같은 규칙적 사실들 몇 가지를 오늘날 우리가 '자연법칙', '역사법칙' 또는 '경제법칙'으로 부를 수도 있는 형태로 표현했다. 그는 때로 이것들을 '리' 또는 '상리'라고 일컬었다. 그러나 '리'에 대한 그의 생각은 자연법칙 개념과는 전혀 다른 것이었다. 주희가 규칙성을 다루는 방식도 서양인들이 자연법칙을 다루는 태도와는 달랐다. 그는 그 같은 규칙성을 많은 개별적 사실들을 포괄하는 일반법칙이나 원리가 아니라 구체적인 개별 사실로 여겼다. 그는 이 같은 구체적 사실들을 분석하거나 그것들로부터 간단하고 일반적인 법칙을 뽑아내려고 시도할 필요를 느끼지 못했던 것이다.

그뿐만 아니라 주희는 규칙적 사실들을 그것들 자체에 대한 관심이 아니라, 인간의 행위나 규범에서 볼 수 있는 비슷한 규칙성에 대한 유비(類比)로 언급했다. 예를 들어 그는 삼강(三綱)과 오상(五常)은 변할 수 없는 것이라는 자신의 주장을 뒷받침하기 위해 사계절의 고정되고 변하지 않는 순서를 언급했다. 그는 양주(楊朱)와 묵적(墨翟)의 가르침이 '리(理)에 거스른다[逆理]'는 점을 논의하는 과정에서 나무가 위로 자라고 물이 아래쪽으로 흐르는 '리'에 관해 이야기했다. 그레셤 법칙과 비슷한 앞의 언급도 군자는 항상 드문 반면 소인은 항상 넘쳐 난다는 것을 예시하기 위한 것이었다. 때로 이 같은 경향은 그로 하여금 자연세계의 규칙성에 대해서까지 인간중심적인 설명을 하도록 했다.

> 낮이 있으면 반드시 밤이 있다. 만약 오랫동안 낮이고 밤이 오지 않으면 어떻게 [사람이] 쉴 수 있겠는가? 밤만 있고 낮이 오지 않는다면 어떻게 이 빛과 밝음을 얻을 수 있겠는가? … 봄과 여름만 있고 가을과 겨울이 없다면 사물이 어떻게 이루어지겠는가? 한결같이 가을과 겨울만 있고 봄과 여름이 없다면 또한 [사물이] 어떻게 생겨날 수 있겠는가?[17]

주희는 "하늘이 많은 사람들을 생성함에 있어 사물이 있으면 규칙[則]이 있다."라는 『시경(詩經)』 구절[18]을 언급했는데, 이는 자연법칙뿐만 아니라 자연법칙을 주재하는 절대적 존재를 암시하는 것처럼 보이기도 한다. 그러나 좀 더 깊이 살펴보면 그 같은 생각은 곧 사라질 것이다. 이런 규칙들을 설명하기 위해 주희가 제시했던 예들 대부분은 윤리적 행위에 대한 규범들, 그 자신의 말로는 "마땅히 그러해야 할 규칙들[當然之則]", 예를 들어 군주와 신하가 어떻게 행동해야 하고, 눈이 어떻게 봐야 하고 귀가 어떻게 들어야 하는가와 같은 규칙들에 관한 것이었기 때문이다. 더욱이 그는 이 같은 규칙들을 하늘이 만든 것이라고 분명하게 이야기한 적이 없었다. 사실 주희가 염두에 두었던 것은 하늘이 만들고 인간과 사물들이 따라야 하는 법칙이었기보다는 오히려 사람과

17 "有晝必有夜. 設使長長爲晝而不夜, 則何以息. 夜而不晝, 安得有此光明. … 只有春夏而無秋冬, 則物何以成. 一向秋冬而無春夏, 又何以生.": 『朱子語類』 권72, 4b쪽.

18 "天生烝民, 有物有則.": 『詩經』 「烝民」(260).

사물을 생성할 때 하늘이 따라야 할 규칙이었기가 쉽다.

이 같은 해석은 피조물들이 따라야 할 '자연법칙'을 만든 창조주(Creator)라는 관념이 없었기 때문에 중국의 과학적 사고에서 자연법칙 개념이 생겨나지 않았다는 니덤의 주장과 부합한다.[19] 니덤은 여러 고대 중국 문헌들에 '칙(則)'이라는 말이 나오는 경우들을 검토한 뒤 '칙'은 자연법칙을 의미할 수 없다고 결론지었다. 나 자신의 결론도 '칙'이 자연법칙과는 다르다는 것이다. 그렇지만 나는 니덤이 '칙'과 '리' 같은 말들에 대한 검토에 기초하여 '자연법칙'이라는 관념이 중국에는 없었다고 결론 내리는 데에는 동의하지 않는다. 위의 감응의 예들에서 보듯이 유학자들이 자연현상의 규칙성을 인식했음을 부인할 수 없기 때문이다. 위에서 보았듯이 몇몇 규칙적 자연현상들은, 비록 그가 결국 부정하기는 했지만, 주희로 하여금 하늘에서 그것들을 주재하는 존재의 가능성에 대해 생각해 보게까지 했다.[20] 규칙적 현상들에 관한 이 같은 주

19 Joseph Needham, *Science and Civilisation in China*, vol. 2 (Cambridge: Cambridge University Press, 1956), pp. 518-583, 특히 pp. 543-570 (section 18f, "Chinese Thought and the Laws of Nature") 등.

20 그는 사계절에 순서가 있고, 낮과 밤이 교체하며, 식물이 해가 드는 쪽에서는 잘 자라고 그늘진 쪽에서는 시드는 것 같은 자연세계의 규칙적 현상들을 언급한 후 "이것은 분명히 [하늘] 안에 [이 같은 규칙들을] '주재하는' 사람이 있[는 것처럼 보인]다[這便自分明有箇人在裏主宰]."(『朱子語類』 권4, 4b쪽)라고 이야기하기까지 했다. 물론 그는 실제로 하늘 위에는 그 같은 사람은 없다고 말했다: "한 사람이 그처럼 [하늘] 위에 있는 것 같지만 … [사실은] 단지 '리'가 이와 같은 것일 따름이다[似有箇人在上恁地. … 只是理如此]."

희의 생각들은 비록 서양의 자연법칙 개념과는 달랐고 그가 '자연법칙'이라는 말을 사용한 것도 아니지만, 여전히 자연법칙에 대한 그의 관념을 보여 준다고 말할 수 있을 것이다.

(『朱子語類』 권4, 6b쪽)
따라서 주희는 구체적인 인간의 속성을 지닌 인격신으로서의 '천' 관념을 거부했다. 예컨대 그는 하늘이 인간처럼 말하고 보고 듣고 생각하고 안다는 것을 부인했다. 하늘은 그 같은 인간의 능력을 위해 필요한 귀, 눈, 마음, 장부(臟腑) 같은 기관들을 지니고 있지 않은 것이다.

6. 자연세계의 '자연스러움'

유학자들이 자연세계에 대해 지녔던 태도에서 한 가지 두드러진 특성은 그들이 자연세계의 현상들이나 물체들을 당연한 것으로 받아들였다는 것이다. 그들에게 자연세계에 존재하는 것들이나 그 속에서 일어나는 것들은 당연하고 명백한, 그야말로 '자연스러운' 것이었다. 따라서 그들은 자연현상에 대해 더 설명할 필요를 느끼지 않았다. 오히려 유학자들은 그렇게 명백하고 당연한 것으로 받아들여지는 자연현상을 어렵고 복잡한 도덕적·사회적 문제들에 대해 논의하는 데 이용하는 경우가 많았다.

예를 들어 주희는 일단 수레가 움직이기 시작하면 그것을 계속 움직이게 하기 위해서 그다지 큰 힘이 필요하지 않다는 이야기를 자주 했지만, 이는 공부를 시작할 때는 큰 노력이 들어가지만 일단 시작한 후에는 쉬워진다는 것을 주장하기 위해서였다.[1] 마찬가지로, 조그마한 불순함이라도 마음[心]에 섞여 들면 마음은 진실됨[誠]을 잃고 자기기만[自欺]에 빠져든다는 것을 주장하기 위해 그는 금(金)에 아주 작은 양의 은(銀)이 섞여 들어도 그 금은 금으로서의 가치를 잃는다는 사실과의 유비를 사용했다. 독서법, 특히 숙독(熟讀)의 필요성과 관련해서는 두 가지 비유가 한 가지 점을 주장하는 데에 사용되었다.

> 무릇 책을 읽음에 있어 반드시 숙독해야 한다. 숙독하면 [글의] 정수(精髓)에 익숙해지고 정수에 익숙해진 후에야 '리(理)'가 저절로 보인다. 그것은 과일을 먹는 것과 같아서 처음 입에 댔을 때는 맛을 모르고 그냥 먹는다. 잘고 부드럽게 씹어야만 맛이 저절로 나와서 단맛인지 쓴맛인지 맛을 알기 시작한다. 또 정원사가 정원에 물을 줄 때, 물 주기를 잘하는 정원사는 채소와 과일나무 한 그루 한 그루마다 물을 준다. 얼마 지나지 않아 물 주기가 충분해지면 흙과 물이 서로 조화를 이루고 식물들은 양분을 얻어 자연스럽게 자라난다. 물 주기를 잘 못하는 정원사는 서둘러서 하고 …[2]

1 이 문단과 다음 문단에 실린 예들의 출전과 더 자세한 논의는 김영식, 『주희의 자연철학』(예문서원, 2005), 9.5절을 볼 것.

2 "大凡讀書須是熟讀. 熟讀了自精熟, 精熟後理自見. 如喫果子一般, 劈頭方咬開, 未見滋味, 便喫了. 須是細嚼教爛, 則滋味自出, 方始得這個是甜是苦是甘是辛, 始爲知味. 又云. 園夫灌園, 善灌之夫, 隨其蔬果, 株株而灌之. 少間灌漑既足, 則泥水相和, 而物得其潤, 自然生長. 不善灌者, 忙急而治之 …": 『朱子語類』 권10, 6a쪽.

물론 이 예들로부터 움직이는 물체가 지닌 경향, 금속 혼합물의 성질, 맛의 지각(知覺), 식물의 영양(營養) 등 자연현상에 대한 생각을 찾아보는 것이 불가능한 것은 아니다. 그러나 주희의 진짜 관심은 다른 곳에 있었다. 예컨대 공부를 시작할 때 열심히 노력해야 할 필요성, 마음의 진실됨과 순수함의 중요성, 숙독의 필요성을 주장하는 것이 그의 목적이었고, 그것을 위해 그가 주장하는 바와 위의 자연현상들 사이의 유비를 사용했다. 위의 예 중 어느 것에서도 자연현상들 자체가 주희의 진짜 관심의 대상은 아니었던 것이다.

자연세계의 많은 구체적 물체들과 현상들이 바로 이 같은 맥락에서 주희의 논의에 등장했다. 예컨대 그가 약(藥)의 효과나 물[水]의 맑음에 대해 자주 이야기한 것은 그것들과의 유비 관계를 통해서 사람의 '성(性)'과 마음에 대해 논의하기 위함이었다. 그가 사계절의 변함없는 순서에 대해 자주 이야기한 것도 인간의 기본 덕목인 오륜이 변하지 않는 것임을 주장하기 위해서였는데, 그는 행성(行星)이 때로 운행 방향을 바꿔 역행하는 현상마저도 비슷한 맥락에서, 즉 사람의 마음이 보통은 인자하지만 때로는 잔혹할 수 있다는 것을 예시하기 위해 언급했다. 심지어 그는 인간세계의 문제와 관련한 그의 주장을 뒷받침하기 위해 가공(架空)의 자연현상을 고안해 내기까지 했는데, 예를 들어 하루도 거르지 않고 매일 공부해야만 한다는 것을 뒷받침하기 위해 그는 만약 나무가 하루라도 자라기를 멈추면 그 나무는 죽는다고 말했다.

자연현상에 관한 주희의 언급 중 자주 인용되는 한 가지 예도 이와 비슷한 맥락에서 나왔다. 구드리치(L. Carrington Goodrich)는 산 위에서 발견된 조개껍질들에 대한 다음과 같은 주희의 이야기를 인용하면서 이것이 주희가 화석(化石)에 대해 이해하고 있었음을 보여 준다고 주장했다.[3]

> 나는 일찍이 높은 산 위에서 소라와 방합 껍질들을 본 적이 있는데 그중 어떤 것들은 바위 속에 있었다. 이 바위들은 바로 옛날의 흙이고 소라와 방합은 물속의 것들이다. 아래에 있던 것이 변해서 높은 곳에 있게 되었고 부드러운 것이 변해서 단단하게 된 것이다.[4]

주희의 이 구절, 그리고 심괄(沈括, 1031-1095)의 비슷한 구절들[5]은 화석에 대한 그들의 이해와 관련해서 높은 평가를 내리도록 했다. 즉 이 구절들은 많은 사람들로 하여금 이들이 서양보다 수 세기 앞서서 화석의 생성 원인에 대한 이해를 얻어냈다고 주장하게 했다. 산 위에서 조개껍질을 발견하는 것은 어디서나 있을 수 있는 일이었지만, 불과 수천 년 전에 이 세계가 창조되었다는 믿음이 서양에서는 화석에 대한 제대로 된 이해를 막았던 반면, 그 같

---

3 L. Carrington Goodrich, "Early Mentions of Fossil Fishes," *Isis* 34 (1942), p. 25.

4 "常見高山有螺蚌殼, 或生石中. 此石卽舊日之土, 螺蚌卽水中之物. 下者却變而爲高, 柔者變而爲剛.": 『朱子語類』 권94, 3a쪽.

5 『夢溪筆談』(北京: 文物出版社, 1975) 권21, 373, 374조.

은 믿음의 제약을 받지 않아도 되었던 이들 송대 학자들은 그런 흔한 발견이 의미하는 바, 즉 "바위 속에서 발견된 생물체 같은 형태들이 실제로 먼 과거의 동물의 잔해라는 것"을 인식할 수 있었다는 것이다.[6]

그러나 위에 인용한 내용은 주희가 그의 우주론의 근간을 이루었던 『회남자(淮南子)』의 우주생성론[7]과 음양순환이론을 논의하는 과정에서 이야기한 것임을 주목할 필요가 있다. 주희는 세계가 처음 생길 때에 원초(原初)의 기가 회전하면서 하늘을 이루고 가운데에 찌꺼기를 침전시켜 땅을 형성시킨다는 『회남자』 우주생성론의 한 세부적인 예로서 바닷물이 산이 되는 변화를 이야기했던 것이다. 또한 인용문에서 주희는 그 같은 변화를 낮은 곳(바다 밑바닥)이 높은 곳(높은 산)이 되고 부드러운 것(바다 밑의 흙)이 단단한 것(바위)이 되는, 높음과 낮음, 단단함과 부드러움 같은 음과 양의 특성들의 순환적 교체를 예시하는 데에 사용했다. 따라서 위의 인용문에서 그가 꾀했던 것이 고생물학 이론이나 화석 이론의 제시가 아니라 단순히 음양순환이론과 우주생성론의 예시였음은 분명하다.[8]

---

6 Joseph Needham, *Science and Civilisation in China*, vol. 3 (Cambridge: Cambridge University Press, 1959), p. 611.

7 『淮南子』(四部備要本) 권3, 1a쪽.

8 비슷한 생각이 고대 그리스 철학자 크세노파네스(Xenophanes, 기원전 6세기)에게서도 발견된다는 사실은 흥미롭다. G. S. Kirk and J. E. Raven, eds., *The Presocratic Philosophers* (Cambridge: Cambridge University Press, 1957), p. 177.

한편 자연현상을 당연한 것으로 받아들였던 유학자들은 자연세계에 대한 그들의 논의에서 표면적으로 드러나는 현상보다 더 깊은 실재(實在)에 대해 파고들지 않았다. 유학자들은 대부분 자연세계 및 자연현상과 관련된 추상적·이론적 추론에 몰두하는 것을 쓸모없는 것으로 생각했고, 그 같은 문제들에 대해 논의하지 않았다. 이 같은 경향을 보이는 전형적인 예를 천둥이 어디에서 생기는가에 관해 소옹(邵雍, 1011-1077)과 정이(程頤) 사이에 오간 유명한 대화에 붙인 주희의 주해에서 찾아볼 수 있다. "당신은 [천둥이] 어디서 생긴다고 생각하는가?"라는 소옹의 질문에 "[천둥은 그것이] 생기는 곳에서 생긴다."라고 정이가 대답한 데 대해 주희는 "왜 꼭 그것이 어디서 생기는지를 알아야만 하는가?"라고 반문했다.[9]

유가 전통의 기본 관념들과 가정들에서 볼 수 있는 몇 가지 측면이 자연현상을 당연한 것으로 받아들이고 더 이상 깊이 추구하지 않는 이 같은 유학자들의 태도가 형성되는 데 기여했다. 먼저 들 수 있는 것이 '기(氣)' 개념인데, '기'의 여러 가지 성질과 움직임인 응집과 발산[聚散], 올라감과 내려감[昇降], 굽힘과 펼침[屈伸] 등이 '기'에 내재하며, 그 같은 성질과 움직임을 위한 외적 원인을 필요로 하지 않는다는 점이 그것이다. 따라서 어떤 현상이

---

9 "伊川謂雷自起處起. 何必推知其所起處.": 『朱子語類』 권100, 11a쪽. 소옹("子以爲起於何處")과 정이("[雷]起於起處")의 대화는 『河南程氏遺書』 권21上, 『二程集』(北京: 中華書局, 1981), 270쪽에 실려 있다.

일단 '기'의 성질과 움직임으로 인한 것이라고 받아들여지면 그 현상은 충분히 설명된 것으로 인식되었고, 그 현상에 대한 외적 원인이나 감춰진 메커니즘을 찾을 필요가 없게 되었던 것이다. 우주의 시초에 땅이 생성되는 과정에 대한 주희의 다음과 같은 논의가 이 점을 잘 드러내 준다.

> 천지의 시초에는 단지 음과 양의 기만이 있었다. 이 기가 운행하여 계속해서 회전했다. 회전이 빨라지자 많은 양의 [기의] 찌꺼기가 응결되었다. 그리고 안쪽에 나갈 곳이 없었기 때문에 가운데에 땅을 생성했다.[10]

여기서 주희는 땅의 생성이 '기'의 빠른 회전 때문이라고 이야기하면서 '기'가 그와 같이 회전하는 원인에 대해서는 전혀 주의를 기울이지 않았다. 그는 마치 회전하는 것은 '기'의 당연한 속성이므로 그 원인에 대해서는 생각할 필요가 없다고 인식하고 있는 것처럼 보인다.

'리(理)' 개념 또한 자연에 대한 유학자들의 태도에 영향을 미쳤다.[11] 어떤 사물이나 현상의 '리'란 단지 그 사물이 그 사물로서 존재하고 그 현상이 그 현상으로서 일어나게 해 주는 것일 뿐이

---

10 "天地初間只是陰陽之氣. 這一箇氣運行, 磨來磨去. 磨得急了, 便拶許多渣滓. 裏面無出處, 便結成箇地在中央.": 『朱子語類』 권1, 4b쪽.

11 '리' 개념에 대해서는 김영식, 『주희의 자연철학』, 1장을 볼 것.

다. 그것의 ‘리’가 있으면, 그리고 그것의 ‘리’가 있을 때에만 그것은 존재하거나 발생한다. 따라서 어떤 사물이나 현상의 ‘리’는 그 사물이나 현상 전체를 총체적으로 가리킬 뿐 그것을 설명해 주지는 않는다. ‘리’는 복잡한 사물이나 현상을 간단하게 설명하거나 분석하는 데 사용할 수 있는 법칙이나 원리 같은 것이 아니었다. 예컨대 주희가 ‘리’를 언급할 때 그것은 단지 사물이나 현상의 존재나 발생을 보장하기 위해 제시될 뿐이었다. 그리고 ‘리’는 그 전체로서 파악될 뿐 그 내용이 분석되는 것이 아니었다. 위에서 보았듯이 주희가 자연세계에서 볼 수 있는 규칙성에 대해서 이야기하고 때로는 그것을 ‘리’라고 부르기까지 했지만 그가 관심을 가진 것은 규칙성의 존재였을 뿐 그 구체적 세부 내용은 아니었다.

‘형이상(形而上)’과 ‘형이하(形而下)’의 이분법(二分法, dichotomy) 또한 유학자들이 자연현상을 당연한 것으로 받아들이는 데 기여했으며, 그 기원은 “‘형이상’을 ‘도(道)’라고 하며 ‘형이하’를 ‘기(器)’라고 한다.”라는 『주역(周易)』 「계사전(繫辭傳)」의 유명한 구절에서 찾아볼 수 있다.[12] 그리고 ‘리’와 ‘기(氣)’, ‘리’와 ‘수(數)’, 그리고 ‘리’와 ‘기(器)’ 등을 두고도 이와 비슷한 이분법들이 존재했다. 이들 이분법에 따르면 ‘리’, ‘도(道)’, ‘인(仁)’ 등 형태[形]가 없는 추상적이고 고상한 개념들이 ‘형이상’에 속했고, 감각될 수 있는 형태를 지니고 눈에 보이는 구체적인 사물들은 ‘형이하’에 속했다. 그리고 이 두 가지 중 형태가 있고 눈에 보이는 것들은 이해하기 쉽고 명

12 “形而上者謂之道, 形而下者謂之器.”: 『周易』 「繫辭傳」 上12.

백하거나 심지어는 하찮은 것인 반면에 형태가 없는 것들은 이해하기 어렵고 따라서 더 깊이 탐구해 볼 만한 것이라고 여겨지게 되었다. 그런데 대부분의 자연현상은 감각될 수 있는 성질과 물리적 효과를 수반하여 '형이하'에 속하기 때문에 당연하고 명백한 것으로 간주되었다. 그러한 태도는 주희의 다음과 같은 언급에서 볼 수 있다.

> 사물은 보기가 쉽지만, 마음은 형태가 없다. 사물의 무게와 길이를 재는 것은 쉽지만, 마음의 무게와 길이를 재는 것은 어렵다. 사물을 재는 데 착오가 있으면 그것은 단순히 한 가지 일의 착오에 그치지만, 마음에 잘못됨이 있으면 만사를 그르치게 된다.[13]

따라서 그 같은 자연현상들은 인간이 관찰한 형태 그대로 받아들여졌고, 그것들이 제공하는 경험 데이터의 표면적 실재를 넘어서는 더 깊은 탐구는 시도되지 않았던 것이다.

유가 전통의 실용주의적 경향도 외부세계의 실재성을 받아들이는 태도로 나타났고, 이 또한 통상적으로 관찰되는 자연현상을 쉽게 받아들이는 경향을 강화시켰던 것으로 보인다. 사실 유

---

13 "物易見, 心無形. 度物之輕重長短易, 度心之輕重長短難. 度物差了, 只是一事差. 心差了時, 萬事差.": 『朱子語類』 권51, 5a쪽.
바로 앞의 구절에서 주희는 같은 주장을 다른 식으로 표현하여 "사물의 오류는 해가 없지만, 마음의 오류는 해가 있다[物之差無害, 心之差有害]."고 이야기했다.

학자들은 세계의 실재성을 받아들인다는 사실이 그 같은 실재성을 부정하는 도가(道家)나 불가(佛家)와 자신들을 구분 지어 주는 것으로 생각했다. 예를 들어 주희는 다음과 같이 이야기했다.

> '성(性)'에 대해 유가와 불가가 이야기하는 바의 차이는 단지 다음과 같다. 불가는 '공(空)'을 이야기하는 데 반해 유가는 '실(實)'을 이야기하며, 불가는 '무(無)'를 이야기하는 데 반해 유가는 '유(有)'를 이야기하는 것이다.[14]

따라서 유가는 실제 세계에 관심을 두지 않고 현실도피적 경향을 보이는 도가나 불가의 교리와 흔히 연결 지어지는 '공(空)', '허(虛)', '무(無)' 같은 관념들에 대해 논의하는 것을 꺼렸는데, 이 또한 유학자들로 하여금 자연현상에 대해 추상적·이론적 논쟁을 하지 않고 그것들을 그냥 받아들이도록 하는 데 기여했을 것이다.[15] 그들에게 이 같은 개념들은 허구의 것들이었다. 그것들은 실제 세계의 실재성을 인식하는 데 도움이 되지 않았던 것이다. 또한 유학자들에게 이 같은 개념들은 실제 세계의 도덕적·사회적 문제들을 다루는 데에도 쓸모가 없었다. 그리고 그런 점에서는 '운동', '변화', '원소(元素)', '불가분성(不可分性)' 같은 개념들과 관련된 문

---

14 "儒釋言性異處, 只是釋言空儒言實, 釋言無儒言有.": 『朱子語類』 권126, 7b쪽.

15 이에 대한 더 자세한 논의는 김영식, 『주희의 자연철학』, 12.5절을 볼 것.

제들도 더 나을 것이 없었다.

그런데 중세 서양의 스콜라 철학자들은 바로 이 같은 성격의 개념들인 '운동', '혼합물', '진공(眞空)', '공간', '무한(無限)' 등에 대해 끈질기게 논의했다. 반면에 유학자들은 이 같은 문제들에 대한 논의를 배격했는데, 그 배격의 근거가 실제 세계에 대한 강조와 '쓸모없는' 이론적 추론의 회피였다는 것은 아이러니이다. 위와 같은 개념들에 대한 추상적·이론적 추론이 실제 세계의 현상들을 근본적으로 이해하는 데 기여하는 경우가 많았기 때문이다. 적어도 서양에서는 바로 그 같은 개념들의 해석과 관련한 지속적인 논쟁이 과학혁명기 동안에 오늘날과 같은 '쓸모 있는' 과학으로 이끌었던 근대 과학이 형성되는 데 기여했다. 이와 반대로, 실제 세계의 실재성과 논의의 유용함에 대한 유가의 집착은 그 실제 세계를 이해하고 그 속에서 살아나가는 데 유익할 수 있었을 바로 그 개념들에 대해 유학자들이 더 자세히 고찰하는 일을 힘들게 만들었던 것이다.

물론 유학자들도 자연세계와 관련하여 가상적·이론적 상황들에 대해서 논의한 적이 있었다. 예를 들어 주희는 채원정(蔡元定, 1135-1198)의 '태허공(太虛空)'이라는 관념에 대해 논의하면서 다음과 같이 이야기했다.

> 해와 달을 논하자면 그것들은 하늘 안에 있고, 하늘을 논하자면 그것은 '태허공' 안에 있다. 만약 '태허공' 속으로 들어와서 하늘을 본다면 해와 달이 돌고 있어서 이들이 전에 있던 곳에 머물지

않음을 [곧 알 수 있을 것이다.][16]

현세 이외의 다른 세계들에 관한 불교의 교의(教義)를 논의하는 과정에서 그는 그 같은 다른 세계들이 있다면, 해가 매일 현세와 함께 지하에 있는 다른 세 개의 세계를 돌아야만 하기 때문에 밤이 아주 길어야 할 것이라는 점을 지적했다. 우리나라의 예로는 『우주설(宇宙說)』에서 천지의 크기가 유한한 것인가, 그 밖에는 무엇이 존재하는가, 이 세계는 단 하나만 존재하는가 등에 대해 논의했던 조선의 유학자 장현광(張顯光, 1554-1637)을 들 수 있다.[17]

그러나 이 예들은 예외적인 경우였으며 일반적으로 유학자들은 이 같은 이론적·추상적 논의를 쓸모없는 것으로 여기고 회피했다. 예컨대 주희는 세계의 바깥에 관한 소옹의 설에 대해 주해하고자 했지만 장식(張栻, 1133-1180)이 이를 반대했다고 술회했다. 더욱이 이 같은 예외적인 경우들에 대한 주희의 논의는 그 세련됨, 진지함, 집요함의 수준에서 도덕적·사회적 문제들에 관한 그의 논의들에 비교될 수 없었다.

16 "論日月, 則在天裏, 論天, 則在太虛空裏. 若去太虛空裏觀那天, 自是日月羇得不在舊時處了.": 『朱子語類』 권2, 3b쪽.

17 전용훈, 「조선중기 유학자의 천체와 우주에 대한 이해: 여헌 장현광의 『역학도설』과 『우주설』」, 『한국과학사학회지』 18(1996), 125-154쪽.

7. '상식적' 자연지식

자연세계에 대한 유학자들의 지식은 앞 장에서 본 것과 같이 '상식적'인 것이었다. 사람이 보고 받아들이는 자연세계의 현상에 대해 상식적인 지식의 수준을 넘어 더 깊게 추구하는 질문은 생기지 않았던 것이다.

유학자들의 자연지식이 이처럼 '상식적' 수준이었다는 점과 관련해서, 그들이 자연현상들과 문제들을 이해하는 방식이 개별론적(particularistic)이었다는 점도 지적할 필요가 있다.[1] 그들은 대부분의 자연현상 및 그와 관련된 문제들을 구체적·개별적으로 다루었으며, 그것들로부터 일반화를 시도하지 않았다. 유학자들은 구체적 현상들 하나하나를 그때그때 다루었을 뿐 그 같은 개

1 이에 대한 더 자세한 논의는 김영식, 『주희의 자연철학』(예문서원, 2005), 13.3절을 참조할 것.

별 현상에 대한 생각을 자연세계 전체에 대한 자신들의 생각과 연결시키려 들지 않았던 것이다.

이는 물체의 무게와 관련된 몇몇 현상들과 문제들에 대한 주희의 생각을 서양의 중세 스콜라 학자들과 비교해 보면 잘 드러난다. 주희는 물은 아래로 움직이려 하고 따뜻한 공기나 연기는 위로 올라가려 한다는 것을 자주 이야기했다. 이것은 물체의 낙하 또는 상승이 그 물체가 어떤 물질로 이루어져 있는가에 의해 결정된다는, 즉 낙하와 상승이 물질 자체의 특성이라는 중세 스콜라 학자들의 견해와 부합한다. 그러나 주희의 이 같은 생각은 모든 물체에 적용할 수 있는 일반적인 것이 아니었다. 그에게는 아래로 흐른다는 것은 모든 무거운 물질의 일반적 경향이 아니라 물이라는 하나의 특정 물질이 지닌 고유한 경향일 뿐이었다. 심지어는 물이 아래로 흐르는 경향이 무거운 물체가 낙하하는 한 특수한 예라는 것을 그가 인식했는지도 확실치 않다. 마찬가지로, 비록 그가 난로 위의 기(氣)가 위로 올라간다고 이야기했지만, 이것이 가벼운 물체는 위로 올라가려 하는 경향이 있다거나 따뜻한 물체는 가볍다는 일반적 인식을 그가 지녔음을 의미하지는 않는다. 그는 단지 불이라는 특정 물질의 고유한 경향에 대해 이야기하고 있었을 따름이다.

그뿐 아니라 중세 서양 스콜라 학자들에게 무거운 물체의 낙하와 가벼운 물체의 상승은 우주 구조에 대한 그들의 관념과 결부되어 있었다. 그들에게 있어, 무거운 물체들은 자신들의 자연스러운 위치인 우주의 중심, 즉 지구 중심을 향해 움직이는 경향을 지니기 때문에 낙하하는 것이었다. 따라서 스콜라 학자들에게는 무거운 지구가 어떻게 하늘 한가운데에 안정되게 머물러 있을 수 있는가 하는 문제는 생겨나지 않았다. 무게의 개념은 그들의 우주 구조 속에 포함되어 있어서, 사원소 중 가장 무거운 원소인 흙으로 이루어진 지구가 그것의 자연스러운 위치인 우주의 중심에 존재하고 따라서 움직이지 않는 것은 당연했던 것이다. 이에 비해, 주희에게 무게와 우주 구조는 각각 별개의 문제였고, 따라서 그는 지구 무게의 문제, 즉 왜 무거운 땅이 대기 한가운데에서 떨어지지 않고 존재할 수 있는가 하는 문제를 다루어야만 했다. 중세 스콜라 학자들의 우주 구조가 무게라는 경험적 사실을 그것의 일부로 포함했던 데 반해, 주희는 무게라는 관념을 우주 구조와는 별개의 독립된 사실로서 설명해야만 했다. 주희의 생각으로는 몇몇 무거운 물체들이 아래로 움직인다는 경험적 사실은 우주 구조라는 또 다른 특정한 경험적 사실과는 별개였던 것이다.[2]

방법론에 대한 주희의 관심 결여도 그의 자연지식의 개별론적 특성과 어느 정도 관련이 있다. 그가 방법론에 대해 논의한 것은 거의 모두 공부 방법, 특히 '독서법'에 관한 것이었다. 그리고 거기서 목표가 되는 것은 책에 들어 있는 '리(理)'였다. 그에게 문

2 이에 대한 더 자세한 논의는 김영식, 『주희의 자연철학』, 12.2절을 볼 것. 중세 서양 스콜라 학자들의 자연관에 대한 간단한 논의는 Edward Grant, *Physical Science in the Middle Ages* (New York: Wiley, 1971) — 번역: 홍성욱·김영식 옮김, 『중세의 과학』(민음사, 1992), 4-5장에 실려 있다.

제가 되는 것은 책에 기록된 정보들로부터 '리'를 어떻게 얻어내는가 하는 것이었고, 책에 기록된 것을 어떻게 아는가(이해하는가)는 중요한 문제가 아니었다.

따라서 주희는 지식을 어떻게 얻을 수 있는가 또는 자신이 알고 있는 것이 올바른 것인지를 어떻게 확신할 수 있는가 같은 서양 인식론에서 핵심적이었던 질문들을 논의하지 않았다. 실제로 그에게 '참된 지식[眞知]'이란 특별한 지식이 아니어서 "이 같은 많은 간단한 지식 이외에 따로 '참된 지식'이 있지 않다."고 보았다.[3] 그는 또한 "'치지(致知)'는 다른 사람들이 모르는 도리(道理)를 아는 것이 아니라 단지 사람들 앞에 있는 것[을 아는 것]일 뿐이다."라고 이야기하기도 했다.[4] 지식을 갖기 위해서는 어떤 특별한 능력도 필요하지 않았다: "[세상의 모든 것을 알] 필요는 없다. 사람 된 도리의 큰 요점을 알면 되는 것이다."[5] 또한 도리란 것도 그에게는 전혀 특별한 것이 아니었다. "'도'는 눈앞에서 분명한 도리일 뿐이고", "자신 앞에 보이는 것 그것이 '리'일 따름이다."[6] 주희는 심지어 "모든 도리는 모두 내가 스스로 지니고 있는 것이지 밖에서 얻는 것이 아니다."라고 이야기하기도 했다.[7] 이것은 '상식

---

3 "又不是隨衆略知之外別有眞知.": 『朱文公文集』 권59, 40a쪽.

4 "致知, 不是知那人不知底道理, 只是人面前底.": 『朱子語類』 권15, 13b쪽.

5 "亦不必如此. 大要知得爲人底道理, 則可矣.": 『朱子語類』 권26, 17a쪽.

6 "道只是眼前分明底道理.": 『朱子語類』 권26, 16b쪽;
"見面前, 只是理.": 『朱子語類』 권117, 11b쪽.

7 "大凡道理, 皆是我自有之物, 非從外得.": 『朱子語類』 권17, 11a쪽.

적' 인식론이었다. 그리고 그 기저에는 사람의 원래 마음 상태는 '저절로' 사물의 도리를 이해할 수 있다는 주희의 믿음이 깔려 있었다.

담론(談論, discourse)의 방법, 즉 알고 있는 것을 표현하는 방법 또한 주희에게는 큰 문제가 아니었다. 무엇인가를 보거나 책에서 읽으면 그것을 알게 되고, 무엇인가를 알면 그것에 대해 이야기하거나 쓸 수 있다는 것은 주희에게는 당연한 것이었다. 이런 태도에 비추어 볼 때 주희가 어떻게 지식을 얻는가에 대해서나 얻은 지식을 어떻게 다른 사람들에게 보여 주는가에 대한 엄밀한 방법론적 문제들을 걱정하지 않은 것은 자연스런 일이었다. 그에게 중요했던 것은 오히려 그 지식에 근거하여 마음을 정하고 그 지식에 의거하여 행동하는 것이었다.

따라서 주희는 엄밀한 논리적 방법들에는 거의 관심을 보이지 않았다. 그에게 논리(論理, logic)가 있다면 그것은 '상식적' 수준의 논리였다. 때로 그가 기본이 되는 논리적 문제들을 다룬 적도 있었다. 예를 들어 그는 "이것이 옳으면 저것이 잘못이고 이것이 잘못이면 저것이 옳다. 이 두 가지 입장이 모두 [옳은 것이라고] 받아들일 수는 없다."거나 "이것이 있는 것을 통해 저것이 없는 것을 알 수 있다."고 이야기했다.[8] 그러나 그의 논리는 그로 하여금 그런 진술들이 어떤 경우에 참이 되는지 그 조건들을 따지

8 "此是卽彼非, 此非卽彼是, 不容並立.": 『朱文公文集』 권53, 9b쪽; "以此之有, 知彼之無.": 『朱子語類』 권74, 13b-14a쪽.

도록 하는 식의 것은 아니었다. 그는 사물들은 움직이지 않으면 정지해 있고, 사람은 말을 하거나 말을 하지 않을 뿐 양자 사이에는 다른 어떤 상태도 있을 수 없음을 지적하고, 이어서 마치 선과 악 사이에 어떠한 중간도 있을 수 없는 것처럼 인간은 선하지 않으면 악하다고 주장했다.[9] 또한 주희는 여러 종류의 범주들로 분류하고 그 같은 분류들에 대해 이야기했지만, 지나치게 엄격하거나 정교한 언어적 구분을 쓸데없는 것이라고 여겼다. 예를 들어 그는 "'불식(不息)'[이라고 말하는 것]은 '무식(無息)'이라고 말하는 것과 같다."라고 이야기했을 뿐 '불식'과 '무식'의 차이에 대해 더 자세히 논의하기를 거부했다.[10]

주희는 자신의 서로 다른 이야기들이 일관성을 지니도록 하는 데 관심을 두지 않았다. 심지어 그가 자신의 여러 언급들 속에 있는 상호모순을 인식하지 못한 것처럼 보이는 경우도 많았다. 같은 주제나 같은 문제에 대한 서로 다른 설명들, 즉 종종 명백히 모순되는 설명들에 대면했을 때 그는 그것들은 같은 문제를 바라

9 "不動則靜, 不靜則動; 如人不語則黙, 不黙則語, 中間更無空處. 又如善惡: 不是善, 便是惡; 不是惡, 便是善.": 『朱子語類』 권116, 7b쪽. "어느 제자가 '친구들', '[자신보다] 나이 많은 자들', '나이 어린 자들'의 세 범주가 세상의 모든 사람들을 다 포괄한다고 이야기했을 때 그는 단지 '그렇다'라고 대답했다[問. '老者安之, 朋友信之, 少者懷之'. 孔子只擧此三者, 莫是朋友則是其等輩, 老者則是上一等人, 少者則是下一等, 此三者足以該盡天下之人否. 曰, 然].": 『朱子語類』 권29, 17a쪽.

10 "不息, 只如言無息.": 『朱子語類』 권64, 19a쪽.

보는 다른 방식들을 표현한 것이라거나 같은 사실의 다른 측면들을 언급한 것일 뿐이라고 지적했고 그렇게 함으로써 모순을 해소한 것으로 생각했다. 예를 들어 그는 주어진 문제를 어떻게 보느냐에 따라, 예컨대 그것을 안에서 보느냐 밖에서 보느냐, 그것을 마음과 관련해서 논의하느냐 사실과 관련해서 논의하느냐, 또는 '이발(已發)'의 측면이 고려되느냐 '미발(未發)'의 측면이 고려되느냐에 따라 서로 다른 결과들이 생겨난다고 자주 지적했다. 그의 다음과 같은 이야기가 그 전형적인 예를 보여 준다.

> 태극(太極)이 동정(動靜)을 '품고 있다[含]'고 이야기하는 것은 본체(本體)를 가지고 말할 수 있는 것이다. 태극이 동정을 '지니고 있다[有]'고 이야기하는 것은 작용[문자 그대로는 流行]을 통해 말할 수 있는 것이다.[11]

방법론적 문제들에 대한 이 같은 주희의 관심 결여는 자연현상에 대한 그의 논의들에서 보다 두드러지게 나타난다. 대부분의 자연현상들은 지각(知覺)되는 그대로 받아들여졌기 때문이다. 이것이 그의 자연지식이 기본적으로 '경험적' 특성을 지니게 된 부분적인 이유였다. 그러나 그의 자연지식이 '경험적'이라고 특징지어질 수 있다면 그것은 '상식적' 경험론이었다. 그의 경험적 지식

---

11 "蓋謂太極含動靜, 則可以本體而言也. 謂太極有動靜, 則可以流行而言也.": 『朱文公文集』 권45, 12a쪽.

은 대부분 흔한 사물이나 현상에 관한 것이어서 이런 것들은 거의 새로운 관찰을 필요로 하지 않았다. 관찰이 어떤 역할을 했을 때에도 그것은 보통 다른 사람들에 의해 이루어진 것들이었다. 그 같은 관찰의 출처 중 한 가지는 다른 사람들의 경험을 기록한 책들이었다. 특히 경전(經典)들은 성인(聖人)의 말, 즉 성인의 '리'를 담고 있으므로 주희에게는 가장 중요한 출처였다. 실제로 자연 현상에 관한 정보를 얻기 위해 그는 외부세계의 사물이나 현상보다 오히려 책에 의존하는 일이 많았다.

물론 주희는 때로, 예컨대 역법(曆法)과 같은 분야의 경우, 관찰의 중요성을 강조하기도 했다. 그는 실제 관찰에 근거하지 않은 논의들에서 발견되는 오류와 불일치에 대해 이야기했다. 예컨대 그는 억측과 전해들은 이야기를 논의의 기초로 삼음으로써 오류들을 포함시킨 많은 지리서(地理書) 저자들을 비판했고,[12] 『산해경(山海經)』의 몇몇 동물들에 대한 묘사가 실제 관찰이 아니라 그림에 의존했기 때문에 오류가 있음을 지적하기도 했다. 그는 책들에 있는 그 같은 잘못된 설명들을 확인하지도 않고서 '억지 해석'에 집착하는 사람들을 "가소롭다"고 생각했다.[13] 그러나 주희는 대체로 사물을 실제로 본 사람들의 말을 쉽게 받아들였다. 위에서 본 것 같은 비판적 태도를 지닌 그였지만 누구인가 관찰했

---

12 이 문단의 내용에 대한 자세한 논의는 김영식, 『주희의 자연철학』, 11.4절을 볼 것.

13 "不暇考其實耳. 今人從而强爲之解釋, 終是可笑.": 『朱子語類』 권79, 4a쪽.

다고 이야기된 것이나 책에 기록된 것은 쉽게 받아들이는 모습을 보였다.[14] 황제에게 보낸 상소(上疏)에서 그는 자신이 직접 보지 않은 이상한 기상(氣象) 현상을 받아들였는데, 그가 그것을 받아들인 근거는 많은 사람들이 그 현상을 보았으며 그 현상에 대한 그들의 말이 모두 일치했다는 점이었다. 기(氣) 같은 개념들의 신축성과 넓은 범위도 모든 현상을 이 개념들에 의해 설명할 수 있게 해 주었기 때문에 그 같은 태도가 형성되는 데에 기여했다. 어떤 현상도 제외될 필요가 없었다. 관찰되었다면 그것은 받아들일 수 있었던 것이다.

유학자들이 가지고 있었던 자연지식의 이와 같은 '상식적' 성격은 서양 과학을 획기적으로 변화시킨 이른바 '과학혁명'의 핵심 동인(動因) 중 하나였던 갈릴레오(Galileo, 1564-1642)의 망원경 관측 결과를 접한 뒤 서양인들이 보였던 반응과 비교해도 잘 드러난다. 1609년 갈릴레오가 발표한 하늘 관측 결과는 당시 유럽

---

14 호적(胡適, Hu Shih)이 "중국철학에서의 과학적 정신과 방법"과 관련하여 수십 년 전에 지적했던 것은 결국 본질적으로 옳은 것으로 드러난다. 주희가 "의심나는 것은 [나중에 검증될 때까지] 제쳐 놓는다."는 비판 정신을 가지고 찾았던 것은 자연세계의 사물이나 현상들이 아니라 바로 책들이나 말들이었던 것이다. 그의 '비판 정신'은 그로 하여금 경험적 자연지식의 비판적 전통에서 선구자가 되게 하지 못했으며 대신에 그는 압도적으로 문헌 위주였던 '고증(考證)' 전통의 선구자가 되었던 것이다. Hu Shih, "The Scientific Spirit and Method in Chinese Philosophy," in Charles A. Moore, ed., *The Chinese Mind* (Honolulu: The University of Hawaii Press, 1967), pp. 104-131.

의 가톨릭교회와 아리스토텔레스주의 학자들 사이에 많은 문제들을 제기했다. 그 문제들의 중심에는 수백 년 동안 유럽인들이 지녀 온 자연관의 핵심 전제였던 천상(天上, celestial) 세계와 지상(地上, terrestial) 세계의 구분 또는 '달 위(superlunar)' 세계와 '달 밑(sublunar)' 세계의 구분이 있었다. 완전하고 불변인 천상계와 그에 반해 불완전하고 변화하는 지상계라는 관념이 갈릴레오의 망원경 관측에 의해 도전받게 되었던 것이다. 특히 태양 흑점(sunspot) 관측은 가장 완벽한 천체인 태양의 표면에 불완전하고 어두운 점들이 있고 더구나 이 점들이 불규칙하게 움직인다는 것 때문에 큰 물의를 빚었다. 당초 전쟁이나 항해 등 지상에서 사용할 목적으로 고안된 도구인 망원경을 천상계의 현상을 관측하는 데 사용한 것은 또 다른 차원의 문제를 제기했다. 그것은 천상계-지상계의 엄격한 구분을 침해했을 뿐 아니라 아리스토텔레스 철학의 또 다른 구분인 자연적인 것(natural)과 인공적인 것(artificial)의 구분도 침해했던 것이다.

갈릴레오가 망원경을 통해 본 것이 세계의 실재(實在, reality)를 나타내 주는 것인지, 아니면 단지 원통(圓筒)으로 된 관(管) 속의 렌즈들의 조합으로 이루어진 기구가 빚어낸 허상(虛像, image)에 불과한 것인지도 당시 서양의 가톨릭교회와 대학의 철학자들 및 천문학자들에게는 문제였다. 실재와 허상의 문제, 실제 원인과 단순한 효과의 문제, 그리고 감각에 의해 경험된 것의 실재성 문제 등을 깊이 천착하는 전통에 젖어 있던 유럽인들은 갈릴레오가 망원경으로 관측한 것의 실재성을 받아들이기를 거부했던 것이다. 이에 덧붙여, 갈릴레오의 관측 결과가 그동안 교회 및 대학들이 견지해 온 '아리스토텔레스-프톨레마이오스 우주체계'와 대립되는 '코페르니쿠스 우주체계'를 뒷받침한다는 문제도 있었다. 이 같은 문제점들은 당시 유럽인들에게는 지극히 심각한 것이어서, 먼 거리에 있는 물체를 볼 수 있게 해 주는 망원경이 가져다준 이점에도 불구하고 그들로 하여금 그것을 받아들이기 힘들게 만들었던 것이다.

그러나 예수회 신부들에 의해 이것이 중국에 소개되었을 때 유학자들에게 이런 점들은 문제가 되지 않았다. 유가 전통에는 천상계와 지상계, 자연적인 것과 인공적인 것의 구분 같은 것이 없었고, 실제 세계와 그 안에서 관측되는 물체와 현상들의 실재성에 대해 의심하는 일도 없었던 것이다. 사실, 근대 이전 수 세기 동안 중국과 동아시아 사상을 지배했던 주희를 비롯한 송대 유학자들의 신유가(新儒家, Neo-Confucian) 철학은 외부 자연세계의 실재성을 부정하는 도교나 불교에 대한 반작용으로 일어난 것이었다고 볼 수 있고, 그 같은 유가 전통에서 관측된 것들은 명백한 것으로 간주되고 인간이 관찰한 형태 그대로 받아들여졌다. 따라서 1609년 이루어진 갈릴레오의 망원경 관측이 1626년 예수회 신부 아담 샬(Johann Adam Schall von Bell: 湯若望, 1591-1666)과 중국인 이조백(李祖白, ?-1665)의 합작인 『원경설(遠鏡說)』이라는 책을 통해 중국에 소개되었을 때 이를 접한 유학자들은 위에서 본 유럽인들과는 달리 대체로 그것을 받아들였다.

8. 과학에 대한 태도에 영향을 미친 유가 전통의 요소들

앞 장들에서 주희를 비롯한 유학자들이 세계를 보고 대하는 기본 관념, 인식, 태도가 서양과 다른 점, 그리고 그에 따라 유가 전통의 과학과 자연관이 서양과 다른 점을 보았다. 그리고 그 과정에서 유학자들이 자연세계와 과학에 관심을 가지는 데 부정적으로 작용했다고 볼 수 있는 측면들이 자주 지적되었다.

실제로 유가 전통에는 유학자들이 과학에 관심을 가지고 탐구하는 것을 제약하고 억제하는 요소들이 있었다. 우선 전문가가 되는 것을 꺼리는 경향이 유가 전통에 존재했는데, 그러한 경향은 결국 유학자들이 과학기술 분야들에 관심을 가지는 것을 억제하는 효과를 빚었다. 그리고 이에는 유가 경전(經典)에 담긴 몇 가지 핵심적인 관념들이 중요한 역할을 했다.

첫째, '형이상'과 '형이하'의 이분법이 자연현상과 과학지식에 대한 유학자들의 태도에 영향을 주었다. 앞 장에서 보았듯이, 일반적인 자연현상은 대부분 지각 가능한 구체적 성질들과 물리적 효과를 수반하며 따라서 '형이하'에 속하기 때문에 빤한 것으로 간주되었고, 그것들이 지각되는 형태 그대로 받아들여졌으며 겉으로 드러난 경험적인 현상을 파고드는 더 깊은 탐구는 필요가 없었던 것이다. 따라서 유학자들은 자연현상이나 그 현상에 대한 과학 지식을 가벼이 여기기가 쉬웠다. 심지어는 '형이상'인 형이상학 및 도덕 철학과 '형이하'인 과학 지식 및 기술 사이에 위계(位階) 관념도 나타났고, 그것은 결국 일반 지식인으로서의 '학자-관료(scholar-official)'와 '형이하' 분야에 종사하는 전문종사자들 사이에 위계 관념을 낳았다.[1] 이러한 위계 관념은 '학자-관료'들이 기능직 전문종사자들보다 상위에 위치하면서 전문종사자들의 업무를 감독하는 관료제의 구조로 제도화되기도 했다.[2]

"군자불기(君子不器)"라는 『논어』의 구절[3]도 위에서 언급한 '도'와 '기(器)'의 이분법 및 위계와 결합하여 전문 분야에 대한 유

---

1 비록 '유의(儒醫)'라고 불린 '학자-의사'들의 존재가 의학이 유학자들을 위한 하나의 주제로 인정될 수 있었음을 보여 주기는 하지만, 그럼에도 그들의 지위가 일반 유학자들보다 낮았다는 사실은 의심의 여지가 없다. 祝平一, 「宋明之際的醫史與儒醫」, 『中央研究院歷史語言研究所集刊』 77(2006), 401-449쪽.

2 심지어 딘(Thatcher Deane)은 일반 관료들에 비해 '역가(曆家)'의 지위를 의도적으로 낮추려 했던 한대(漢代) 조정의 정책을 언급하기도 했다. Thatcher E. Deane, "The Chinese Imperial Astronomical Bureau: Form a Function of the Ming Dynasty *Qintianjian* from 1365 to 1627" (Ph.D. Dissertation, University of Washington, 1989), p. 68.

3 『論語』, 「爲政」편.

학자들의 태도의 기초를 형성했다. 공자 자신이 한 말이라고 알려진 이 구절은 진정한 군자가 되기 위해서는 '도', '리', '성(性)'과 같은 고상한 개념들을 추구해야만 하며 단순한 도구에 지나지 않는 구체적 · 실용적 · 기술적인 문제와 지식에는 관심을 기울이지 말아야 한다는 의미로 흔히 해석되었다. 다른 말로 하면, 군자는 단순한 도구적 기능만을 수행하는 좁은 범주에 자신을 한정시켜서는 안 되며 폭넓은 학문과 수양을 목표로 삼아야 한다는 것이다. 이는 자연히 과학기술 분야들을 비롯해서 단순한 도구로 간주되는 분야들에 대해 유학자들이 대체로 무관심하고 심지어는 경멸하기까지 하는 태도를 낳게 되었다.

"비록 '소도(小道)'이지만 반드시 살펴볼[觀] 만한 가치가 있다. [그러나] 너무 멀리까지 추구하면 수렁에 빠질까 염려된다. 이 때문에 군자는 그것을 하지[爲] 않는다."라는 『논어』의 구절[4] 또한 전문화된 분야들에 대한 유학자들의 태도에 상당한 영향을 미쳤다. 특정 분야들을 '소도'라고 지칭하고 "군자는 그것을 '하지' 않는다."고 단언함으로써, 이 구절은 유학자들이 '소도'로 간주될 수 있는 분야들(과학기술 분야들 포함)의 활동에 종사하는 것을 억제하는 효과를 빚었다.

그러나 유가 전통에는 이처럼 과학에 대한 관심을 억제하는 경전 구절들만 있었던 것은 아니고, 과학에 대한 학자들의 관심을 고무하는 요소들도 존재했다. 우선 여러 과학 분야들이 중요

4 "雖小道, 必有可觀者焉, 致遠恐泥. 是以君子不爲也.": 『論語』, 「子張」편.

한 철학적 용어나 개념과 연관되어 있었고, 따라서 유학자들에게는 그러한 분야들의 탐구가 중요성을 지녔다. 예를 들어 위에서 본 것과 같은 '천(天)' 개념의 중요성은 유학자들로 하여금 '하늘'에 대해 다루는 천문역법 분야를 중요시 여기게 했다. 지리와 풍수(風水)는 '천지(天地)'라는 용어의 다른 쪽 절반인 '지(地)'와 연관되어 있었기에 중요했다. '예악(禮樂)'이라는 표현이 있을 정도로 유가의 예(禮) 가운데 일부였던 음악의 중요성은 그와 관련된 율려(律呂, 화성학) 또한 중요하게 만들었다. 이와 비슷하게, 『주역』 및 그 속에 담긴 관념들과 괘(卦)들의 중요성은 그것들을 사용하는 상수(象數), 점복(占卜), 연단(煉丹) 등의 중요성으로 이어졌다. 연단, 특히 내단(內丹)은 '도(道)' 개념과도 연결되었는데, 왜냐하면 그것이 '도'를 추구하는 이른바 '도사(道士)'들이 종사하던 활동 중 한 가지였기 때문이었다. 유학자들은 이들 분야에 대한 탐구가 그와 연관된 위의 관념들을 이해하는 데 도움이 될 것으로 믿었을 것이다. 그리고 유학자들은 실제로 역법, 율려, 지리, 연단, 점복 같은 분야들에 관심을 가졌고, 그 분야들은 그들의 중요한 지적 관심의 대상이 되었다.

몇몇 분야의 과학 지식은 학자들이 널리 공부하던 표준적 문헌들에 담겨 있었다. 특히 성인(聖人)이 썼거나 아니면 적어도 성인의 의도를 담았다고 여겨졌던 유가 경전들에서 자연현상이나 과학 지식을 언급하는 경우 유학자들은 해당 구절들의 주해에서 그 같은 현상이나 지식에 대해 자세히 논의했고, 논의 과정에서 전문적인 과학 지식을 사용하는 경우도 많았다. 대표적인 예가 『서경(書經)』「순전(舜典)」의 "선기옥형이제칠정(璿璣玉衡以齊七政)"(선기옥형으로 七政, 즉 일, 월, 오행성을 가지런히 한다)이라는 구절과 『서경』「요전(堯典)」의 "기삼백유육순유육일(朞三百有六旬有六日)"(한 해 366일)이라는 구절이다. 많은 유학자들이 이 두 구절을 주해하면서 천문 의기(儀器)와 치윤법(置閏法)에 관해 자세히 논의했다. '선기옥형'이라는 표현은 일종의 천문 의기를 가리키는 것으로 흔히 해석되었는데, 강희(康熙) 연간(1661-1722)의 '박학홍유(博學鴻儒)' 시험에 '선기옥형'을 주제로 한 부(賦)를 짓는 문제가 출제될 정도로[5] 유학자들에게는 친숙한 어휘가 되었다. 『예기』의 「월령(月令)」편과 「악기(樂記)」편의 주석들도 역법과 율려에 대한 전문 지식을 담고 있었다. 그 외에도 학자들에게 관련 분야의 전문 지식을 논의할 기회를 제공했던 다른 중요한 경전 구절로는 『시경(詩經)』의 「시월지교(十月之交)」라는 제목의 시, "뭇별들이 그것(즉 북극성)에 경의를 표한다."라는 『논어』의 구절,[6] "하늘은 높고 별들은 멀다."라는 『맹자』의 구절[7] 등도 있었다. 또한 유학자들은 경전들, 특히 『시경』에 이름이 나오는 수많은 동식물들에 대해서도 자세히 논의했으며, 실제로 『시경』에 이름이 나오는 동식물 종(種)

---

5 Ping-yi Chu, "Technical Knowledge, Cultural Practices and Social Boundaries: Wan-nan Scholars and the Recasting of Jesuit Astronomy, 1600-1800" (Ph.D. Dissertation, University of California, Los Angeles, 1994), pp. 150-157.

6 "爲政以德, 譬如北辰, 居其所而衆星共之.": 『論語』「爲政」편(2.1).

7 "天之高也, 星辰之遠也.": 『孟子』 離婁章句 下(4下26).

을 확인하고 설명하는 것이 경전 연구의 한 분야가 되기도 했다.[8]

위에서 언급한 경전들의 표준 주해서들은 아주 자세하고 전문적인 과학 지식의 논의들을 자주 포함하게 되었으며 해당 분야의 표준적인 문헌이 되었다. 경전에 나오는 천문역법 관련 내용과 그 주석들을 모아놓은 왕응린(王應麟, 1223-1296)의 『육경천문편(六經天文編)』이 그 좋은 예로서, 대진(戴震, 1724-1777)은 『사고전서총목제요(四庫全書總目提要)』에서 『육경천문편』에 대해 언급하면서 역법의 핵심 주제들이 모두 들어 있다고 말했다.[9] 또한 유학자들은 여러 가지 기술에 대한 지식을 『주례(周禮)』「고공기(考工記)」의 주석에서 논의하기도 했다.[10]

유가 전통에는 과학 지식의 논의를 담고 있는 다른 표준적인 문헌들도 있었다. 예컨대 중국의 역대 왕조에서 공식 편찬한 사서(史書)인 정사(正史)들은 거의 예외 없이 예(禮)와 악(樂)을 비롯해 천문, 역법, 율려, 지리 분야의 '지(志)'들을 포함했는데, 이 '지'들은 해당 분야의 과학 지식을 많이 담고 있었고 유학자들에게

8 Joseph Needham, *Science and Civilisation in China*, vol. 6, part 1 (Cambridge: Cambridge University Press, 1986), pp. 463 ff.

9 "然堯典豳風月令左傳國語所言星辰, 前後已相差一次. 是歲差之法, 可卽是例推. 周禮土圭之法, 日南景短, 日北景長, 日東景夕, 日西景朝, 是里差之法, 亦可卽是而見. 六經所載, 未始非推步之根.": 『四庫全書總目提要』(北京: 中華書局, 1965), 892쪽.

10 예컨대 왕안석(王安石, 1021-1086)과 임희일(林希逸, 1235년 진사)은 『고공기해(考工記解)』를, 그리고 대진은 『고공기도(考工記圖)』를 집필했다.

그 같은 지식의 표준 문헌 역할을 했다. 또한 학자들이 직접 쓴 저술들도 과학 지식에 대한 논의를 포함하는 경우가 있었다. 가장 유명한 예로는 두우(杜佑, 735-812)의 『통전(通典)』과 심괄(沈括, 1031-1095)의 『몽계필담(夢溪筆談)』을 들 수 있다. 수많은 후대 유학자들은 온갖 종류의 주제를 다루고 있는 이 책들을 공부하고 자신들의 논의에서 자주 인용했다. 많은 유학자들이 이 같은 주해들과 표준 문헌들에 담긴 과학 지식을 공부했으며, 이에 대한 그들의 이해는 상당한 수준에 도달하기도 했다.

지금까지 살펴본 유가 전통의 관념적·문헌적·사상적 요소들 이외에 과학기술 분야들이 지닌 실용성 또한 전문 지식에 대한 유학자들의 흥미를 불러일으키는 데 역할을 했다. 유학자들은 잠재적인 관료, 즉 '학자-관료'로서 역법, 농업, 군사, 측량, 건축, 수리(水利), 의료 등 과학기술 문제들과 관련된 여러 업무를 직접 담당하거나 아니면 적어도 관리하고 감독해야만 했기에 이들 과학기술 분야에 무관심할 수가 없었다. 따라서 유학자들은 역법, 수학, 농업, 의학과 같은 과학기술 분야에 어느 정도 지식을 갖추어야 할 실용적 필요가 있었던 것이다. 몽골이 송을 함락하고 개봉(開封)을 약탈했을 때 천문대의 역가(曆家)들이 희생되지 않은 이유도 바로 그들이 지니고 있던 전문 지식의 실용성 때문이었다.[11] '학자-관료'들은 다양한 분야의 과학기술 전문 지식을 담

11 山田慶兒, 「授時暦の道: 元朝治下の天文臺と天文学者」, 『中国の科学と科学者』(京都: 京都大学 人文科学研究所, 1978), 1-207쪽 중 20쪽.

고 있는 행정 지침서를 펴내기도 했다. 명(明) 말기의 많은 유학자들은 왕조 말기의 위기를 타개하기 위한 잠재적 수단으로 과학기술을 포함한 다양한 분야의 실무적 실용 지식에 관심을 가졌다.[12] 이 때문에 서광계(徐光啓, 1562-1633)와 왕징(王徵, 1571-1644) 같은 유학자들은 예수회 신부들이 전래한 서양의 과학기술 지식을 접하기 전부터 기계와 기술적인 문제들에 관심을 가지고 있었던 것이다.[13]

여러 과학 분야 중에서 유학자들의 관심을 가장 크게 끈 분야는 역법이었다. 정확한 달력은 통치자가 '천명(天命)'에 따르고 있음을 확실하게 보여 주는 증표가 되었기 때문에 정확한 달력을 제작해서 '시간을 주는[授時]' 정부의 기본적인 업무를 위해 역법의 지식이 필요했고, 이는 군왕과 관료들에게 명백한 정치적 중요성을 지녔다. 점성술과 점복도 대개 역법의 지식과 데이터를 사용

진시황제(秦始皇帝, 기원전 259-210) 때의 분서(焚書)에서도 의료, 약물, 점복, 농업, 원예 등에 관한 서적들은 대상에서 제외되었다. Robert Kent Guy, *The Emperor's Four Treasuries: Scholars and the State in the Late Ch'ien-lung Era* (Cambridge: Harvard University Press, 1987), p. 11.

12 Francesca Bray and Georges Métailié, "Who Was the Author of the *Nongzheng quanshu*?" in Catherine Jami, Peter Engelfriet, and Gregory Blue, eds., *Statecraft and Intellectual Renewal in Late Ming China: The Cross-cultural Synthesis of Xu Guangqi (1562-1633)* (Leiden: Brill, 2001), pp. 322-359, 특히 p. 323.

13 Jacques Gernet, "A Note on the Context of Xu Guangqi's Conversion," in Jami, Engelfriet, and Blue, eds., *Statecraft and Intellectual Renewal in Late Ming China*, pp. 186-190.

했기 때문에 역법과 밀접히 관련되어 있었으며, 점성술과 점복의 작업은 천문 관서에서 일하는 역가들이 수행해야 하는 중요한 업무가 되었다. 역대 왕조가 달력 만드는 지식을 독점하려 하고 심지어는 역법의 사적(私的) 학습을 금지한 이유는 바로 역법이 지니고 있는 이러한 중요성 때문이었다.[14]

실용성 때문에 유학자들의 관심을 끈 다른 과학기술 분야들도 있었다. 예를 들어 의학이 유학자들의 관심을 끈 이유도 주로 그 실용성 때문이었다. 건강한 삶을 유지하고 질병을 치료하는 것은 유학자들 자신과 그들의 부모, 그리고 국가의 명백한 필요를 충족시켰다. 따라서 많은 유학자들이 의료의 다양한 측면에 대한 지식에 깊은 관심을 가졌고, 때로는 실제로 의료 행위를 하기도 했다. 건강을 유지하고 오래 살기 위해 유학자들 사이에 널리 퍼져 있었던 양생술(養生術)에 대한 그들의 관심에서도 마찬가지로 실용적인 특성을 발견할 수 있다.[15] 농업도 유학자들이 지속적으로 관심을 보인 분야였는데, 그들은 보통 농업을 사회 질서와 백성 및 국가의 복지를 위한 기반으로 간주했다.[16] 따라서 군왕과

14 신민철,「명대 천문 '사습(私習)'의 금지령과 천문서적의 출판: 그 이념과 실제」,『한국과학사학회지』29(2007), 231-260쪽.

15 Yung Sik Kim, "The *Ts'an-t'ung-ch'i k'ao-i* and the Place of Internal Alchemy (*Nei-tan*) in Chu Hsi's Thought," *Monumenta Serica* 55(2007), pp. 99-131.

16 사실 농업은 흔히 '本' 또는 '本業'으로 지칭되었다. 예컨대 Francesca Bray, "Science, Technique, Technology: Passages between Matter and Knowledge in Imperial Chinese Agriculture,"

관료들이 농업을 진흥시킨 데에는 식량 생산이라는 실용적 필요만이 아니라 우주론적이고 도덕적인 이유들도 개입되었다.[17] 예컨대 '권농(勸農)'은 '학자-관료'들의 중요한 임무 가운데 하나였고, 그들은 '권농문(勸農文)'을 자주 집필했다.[18] 그뿐만 아니라 유학자들은 대부분 지주(地主)였으며, 그들 중 일부는 관직에서 물러나 있을 때 실제로 농사를 경영하기도 했다. 이러한 상황에서 많은 유학자들이 농업 전문서나 지침서를 저술했고, 그 책들은 유학자들의 중요한 저술 장르가 되었다.[19] 농사와 관련하여 수리 기술도 많은 유학자들이 관심을 보였던 중요한 주제였다.[20] 그 외의 다양한 기술들도 관료들 자신과 잠재적 관료였던 유학자들에게 중요했다. 건축과 군사 기술뿐 아니라 소금, 비단, 자기(磁器) 등 국가

British Journal for the History of Science 41(2008), pp. 319-344, 특히 pp. 321, 328을 볼 것.

17 Bray, "Science, Technique, Technology," p. 330.

18 '권농문'에 대해서는 김영식, 『주희의 자연철학』, 494쪽; 周藤吉之, 『宋代經濟史研究』(東京: 東京大学出版会, 1962), 45-48쪽. 심지어 서광계(徐光啓)의 『농정전서(農政全書)』조차도 주로 '권농'의 임무에 대한 그의 관심에서 비롯된 것이었다. Bray and Métailié, "Who Was the Author of the *Nongzheng quanshu*?".

19 Timothy Brook, "Xu Guangqi in His Context: The World of the Shanghai Gentry," in Jami, Engelfriet, and Blue, eds., *Statecraft and Intellectual Renewal in Late Ming China*, pp. 72-98, 특히 pp. 92-93 참조.

20 Li Cho-ying, "Contending Strategies, Collaboration among Local Specialists and Officials, and Hydrological Reform in the Late-Fifteenth-Century Lower Yangzi Delta," *East Asian Science, Technology and Society* 4(2010), pp. 229-253.

의 통제하에 있던 핵심 물자를 생산하는 기술도 유학자들의 관심 대상이 되었다.

물론, 유학자들이 실용성을 지닌 과학기술 분야의 주제들에 대해 보인 태도에는 개인의 지적 경향을 반영하는 다양한 차이가 존재했다. 그 같은 차이의 근저에 깔려 있는 중요한 한 가지 요소는 그들의 관직 담당 여부였다. 실용적인 업무를 맡은 관료들은 대체로 관련된 과학기술 분야들에 대해 훨씬 적극적인 관심을 보였는데, 그들은 때로는 해당 분야의 전문종사자들에 가까운 태도를 보이기도 했다. 그러한 차이는 심지어 학자들의 지식을 '치국(治國)의 술(術)'을 위한 실용적 지식과 자기 수양의 학문적 실천을 위한 학자적 지식으로 양분할 수 있을 만한 상황을 빚기도 했다.[21]

21 Francesca Bray, "Introduction: The Powers of Tu," in Francesca Bray, V. Dorofeeva-Lichtmann, and G. Métailié, eds., *Graphics and Text in the Production of Technical Knowledge in China: The Warp and the Weft* (Leiden: Brill, 2007), pp. 1-78, 특히 p. 46 참조.

9. 유가 전통이 과학에 미친 영향의 양면성

앞 장에서 살펴본 유가 전통의 여러 요소들이 유학자들의 과학에 대한 태도에 미친 영향은 한쪽 방향이 아니었다. 다양하고 서로 상반되기도 한 이 요소들의 영향은 과학기술에 대한 유학자들의 관심을 고무하는 방향과 억제하는 방향 모두에 작용했다.

우선, 앞에서 본 경전의 관념들과 구절들이 유학자들의 태도에 영향을 미친 실제 상황이 그렇게 단순하지 않았다. 예컨대 유학자들에게는 '도(道)'와 '기(器)'를 분리하고 '도'를 '기'보다 우위에 놓는 경향의 다른 한편에 양자를 불가분의 관계['道器不離']로 간주하면서 두 가지가 똑같이 중요하다고 보는 경향이 존재했다. 후자의 경향을 지닌 유학자들은 '도'가 '기' 안에 존재하며 '기' 없이는 '도'가 존재할 수 없다고 주장했다.[1] 따라서 많은 유학자들에게

1 또한 '리(理)'가 '기(氣)', '수(數)', '기(器)'를 떠나서는 존재할 수

'도'와 '형이상'의 것들만 아니라 '기'와 '형이하'의 것들(과학기술 분야의 주제들 포함) 또한 중요하고 탐구할 만한 가치가 있었다. 실제로 소옹과 주희 이래 신유학 사상 속에 지속적으로 존재했던 '리'와 '수(數)'의 연결에 대한 믿음은 수학과 역법을 유가 학문의 일부로 포함시키는 데 강력한 근거를 제공했다. 그 같은 관점에서 보면 '수'의 탐구는 유가 학문의 목표였던 '리'의 탐구가 될 수 있기 때문이었다.

'군자불기(君子不器)'라는 말의 효과 또한 그렇게 단순하거나 일방적이지 않았다. 그것은 폭넓은 학문과 수양을 목표로 삼을 것을 강조했지만, 그러한 폭넓은 학문과 수양에는 자연세계에 관한 공부가 포함되었고 기술에 관한 지식(실행까지는 아니더라도)도 제외되지는 않았다. 자연세계와 그 속의 현상 및 물체들, 즉 '천지', '만물', 그리고 '사람'에 대한 지식과 사색은 단순한 '도구'로서 기피될 것이 아니라 오히려 군자의 공부와 수양의 정당한 대상이었다. '군자불기'라는 말의 진정한 의미는 유학자들에게 좁은 주제(그것이 과학이건 기술이건 그 외의 다른 전문 분야이건)에 갇힌 단순한 전문가가 되지 말라고 경고하는 것이었을 뿐, 학자들이 당연히 추구해야 할 폭넓은 관심과 학문으로부터 과학과 기술의 주제들을 배제하는 것이 아니었다.

'소도(小道)'의 경우에는 그 같은 양면성이 훨씬 더 분명하게 드러난다. 사실 양면성은 '소도'라는 말 자체에 들어 있다. '소도'의

없다고 보는 경향이 존재했다.

'소(小)'라는 글자가 그것이 사소하고 부차적이며 덜 중요하다는 것을 표현하는 반면, 그것이 여전히 '도'라고 불렸기 때문에 유학자들의 학문에 포함될 잠재력을 지녔던 것이다. 그리고 『논어』의 원문도 '소도' 역시 "반드시 살펴볼 만한 가치가 있다."라는 긍정적인 태도와 함께 "군자는 그것을 '하지' 않는다."라는 부정적인 태도를 보였다.[2] '할' 만한 것은 아니지만 그럼에도 '살펴볼' 만한 가치는 있다는 이러한 양면성은 유학자들 사이에 과학기술 주제들의 지적 지위에 관해 다양한 의견과 논쟁을 불러일으켰다. 예컨대 주희는 아래의 인용문에서 몇몇 과학기술 분야를 '소도'라고 부르면서 그것들을 공부해야만 한다고 강조했지만, 그의 말 속에는 그것들이 진짜 '도'는 아니라는 느낌이 분명히 함축되어 있었다.

> '소도'는 이단이 아니다. 그것도 역시 '도'이다. 그것은 다만 작을 뿐이다. 농업, 원예, 의료, 점복 및 온갖 기술들[百工]도 '도'와 '리'가 그 안에 있다. 위쪽만을 향하여 '도'와 '리'를 추구한다면, 결국 '도'와 '리'가 통하지 않게 될 것이다.[3]

유학자들의 수양과 학문 방법론의 기본 틀이었던 격물(格物) 이론도 이 같은 양면성을 지니고 있었다. 우선 격물 이론은 유학

---

2 "雖小道, 必有可觀者焉, 致遠恐泥. 是以君子不爲也.": 『論語』, 「子張」편.

3 "小道不是異端, 小道亦是道理, 只是小. 如農圃醫卜百工之類, 卻有道理在. 只一向上面求道理, 便不通了.": 『朱子語類』 권49, 2a쪽.

자들이 자연세계의 현상과 사물에 관심을 가지고 탐구할 근거를 제공했다. 앞에서 이 세상의 모든 사물 각각이 지니는 '리'가 하나의 보편적인 '리', 곧 '천리(天理)'의 발현임을 보았는데, 따라서 사람들은 '사물의 리[物之理]를 탐구한다'는 뜻을 지닌 '격물(格物)'을 통해 사물의 '리'에 다가감을 통해서도 천리에 다가갈 수 있었던 것이다. 이 같은 격물 이론은 유학자들로 하여금 인간사와 관련된 모든 영역의 구체적 현상과 사물을 모두 공부할 필요성을 인식하고 강조하게 했다. 실제로 주희는 세상의 모든 사물과 현상이 각각의 '리'를 가지고 있으며, 따라서 모든 사물과 현상을 공부하고 이해해야만 한다고 주장했다.

그렇다고 해서 격물 이론이 바로 유학자들을 과학적 탐구로 나아가게 한 것은 아니었다.[4] 격물 이론은 성격상 자연세계의 구체적 사물과 현상에 대한 지적(知的) 탐구와는 거리가 먼 측면이 있었다. 무엇보다도, 격물 이론이 많은 구체적 사물을 탐구할 것을 강조했음에도 불구하고 유학자들이 수행한 격물 작업의 주된 부분은 지적인 것이 아니었다. 실제로 주희가 기울인 격물의 노력은 압도적으로 도덕적·사회적 문제들을 강조했는데, 이는 격물을 통해 사람의 마음[心]이 사물의 '리'에 다가가는 과정 자체의 성격에 드러나 있다. 그것은 사물의 '리'와 사람의 마음의 '리' 사이의 일종의 '공명(共鳴, resonance) 관계'였다. 이는 '천리'가 사람

4 이하 이 장의 논의는 김영식, 『주희의 자연철학』(예문서원, 2005), 48-55쪽의 내용에 바탕했다.

의 마음과 사물 속에 다 존재하기(전자에는 마음의 '리'로, 그리고 후자에는 사물의 '리'로) 때문에 그러했다. 따라서 사람이 격물의 결과로 어떤 사물의 '리'에 도달하게 되면 그 사람은 그 사물의 '리'를 '아는[知]' 것으로 표현되는 것이 아니라 흔히 '보는[見, 看]' 것으로 표현되었다. 다른 말로 하면, 그가 이루어 낸 것은 그 '리'에 대한 지식이 아니라 통찰이었던 것이다. 한편 그런 식의 '공명'이 일어나기 위해서는 마음이 특정한 상태, 즉 텅 비고[虛], 밝고[明, 光], 고요하고[靜, 寧], 안정되고[定], 평안한[平] 상태에 있어야만 한다. 이는 마음의 원래 상태로서 인욕(人欲)에 의한 막힘 없이 천리를 완전히 발현시키는 상태이다. 그 같은 상태에서는 마음이 사물의 '리'를 '저절로' 보게 되는데, 사물의 '리'라는 것이 천리의 표현이고 천리는 사람의 마음속에도 존재하기 때문이다. 예를 들어 주희는 "마음이 밝으면 이 일이 이 '리'를 지니고 이 물건이 이 '리'를 지니는 것을 자연히 알게 된다."라거나 "이 마음이 텅 비고 밝고 고요하면 도리(道理)가 자연히 흐르고 통한다."라고 이야기했다.[5] 주희는 특히 "마음을 비게 하면 도리를 분명히 볼 수 있다."라고 하여 마음의 텅 빈 상태를 강조했다.[6]

그러나 구체적 사물들의 개별적 '리'에 대한 통찰을 얻는 것이 격물의 진짜 목적은 아니었다. 격물의 궁극적인 목적은 그 같

5 "心地光明 則此事有此理 此物有此理 自然見得.": 『朱子語類』 권12, 8b-9a쪽; "此心虛明寧靜 自然道理流通.": 『朱子語類』 권67, 12b쪽.

6 "虛心則見道理明.": 『朱子語類』 권11, 3a-3b쪽.

은 여러 개별 '리'들을 통해 하나의 '리', 즉 천리에 도달하는 데 있었던 것이다. 예를 들어 주희는 격물이 꾀하는 결과라고 할 수 있는 '치지(致知)'에 대해 그것이 "반드시 천지만물의 '리'에 이르러 '그것들을 하나로 꿰뚫어야[一以貫之]' 하는 것"이라고 이야기했다.[7] 따라서 격물의 핵심 단계는 사물들을 탐구함으로써 그것들의 '리'들을 보는 것이 아니라 그 같은 개별 '리'들로부터 더 나아가서 사람 마음의 원래 상태에서의 도덕적 덕목들을 보장해 주는 하나의 '리', 곧 천리에 도달하는 것이었다.

그런데 여러 개별 '리'들과 하나의 보편적 '리'인 천리와의 연결은 쉽게 얻어질 수 있는 것이 아니었다. 여러 개별 '리'들에 대한 이해가 어떻게 하나의 천리에 대한 이해를 낳게 되는지는 결코 분명하지 않았던 것이다. 주희는 개별 '리'들에 대한 이해로부터 천리에 대한 이해로 이르는 이 과정을 '관통(貫通)'이라고 부르면서 그것이 '갑작스럽고' '저절로 일어난다'고 이야기했는데, 그 같은 관통의 실제 과정에 대해서는 자세히 설명하지 않았다. 그는 많이 쌓이고 익숙해진 후에 그것이 '저절로' 이루어질 것임을 다음과 같이 되풀이하여 이야기했을 뿐이다.

> 비록 만 가지 '리'가 하나의 '리'일 따름이지만 공부하는 사람은 만 가지 '리' 중 온갖 단서들을 찾아서 모두 이해해야 한다. 네

7 "是必至於擧天地萬物之理, 而一以貫之.": 『朱文公文集』 권42, 16b쪽. '一以貫之'라는 표현은 『論語』, 「里仁」편(4.15)에 나온다.

방향 [모두]에서 모아지고 합쳐지면 저절로 그것들이 하나의 '리'임을 볼 수 있게 될 것이다.[8]

이런 상황에서 격물 작업의 이 핵심 단계에 대해 주희의 후계자들 사이에 합의가 이루어지지 않은 것은 놀라운 일이 아니었다. 그리고 그 같은 의견의 불일치는 이후 유학자들 사이에 올바른 격물의 방법에 대한 끊임없는 논쟁의 중심에 놓여 있었다.

그러나 모두가 동의했던 것은 '갑작스럽고' '저절로 일어나는' 이 '관통'의 단계가 단순한 지적 과정 이상의 것을 포함한다는 것이었다. 주희의 표현을 빌리면, 그것을 위해서는 알고 이해하는 것만이 아니라 '정성스러운 노력[工夫]'과 '수양[養]'이 필요했다: "격물을 함에 있어 단지 글의 뜻을 이해하기만 해서는 안 된다. 반드시 실제로 정성스럽게 노력해서 탐구해[格] 나가야 비로소 이룰 수 있는 것이다."[9] 격물의 노력을 위해서는 마음의 '경건함[敬]'이 요구되었던 것은 이런 이유 때문이었다. 주희는 "경건함을 지니

8 "萬理雖只是一理, 學者且要去萬理中千頭百緒都理會. 四面湊合來, 自見得是一理.": 『朱子語類』 권117, 12b쪽.
주희는 이 과정을 사람의 걸음걸이에 비교하기까지 했다. "왼발이 한 걸음 나가면 오른발이 또 한 걸음 나간다. 오른발이 한 걸음 나가면 왼발이 또 나간다. 이어서 끊임이 없으면 저절로 관통한다[左脚進得一步, 右脚又進一步. 右脚進得一步, 左脚又進. 接續不已, 自然貫通].": 『朱子語類』 권18, 3a쪽.

9 "格物不可只理會文義, 須實下工夫格將去始得.": 『朱子語類』 권18, 7a쪽.

는 것이 궁리(窮理)의 근본"이라고 말했다. 왜냐하면, 주희의 생각으로는 사람이 경건하면 그 사람의 마음은 밝고, 명석하고[惺惺], 살아 있고[存], 한결같고[一], 투명하며[湛然], 천리가 찬연(燦然)하고, 모든 '리'가 마음속에 있기 때문이었다.

이런 식으로 격물을 통한 '리'(여러 개별 '리'들과 하나의 천리)의 추구 속에서 도덕적 노력과 지적 노력이 합쳐졌다. 그리고 그 같은 합쳐짐 속에서 도덕적 측면이 분명히 더 중요했다. 물론 지적 측면이 무시될 수는 없었다. 한 제자가 "경건하면 마음이 텅 비고 밝게 되며 그 후 사물을 탐구하고[格] 그 시비를 판단할 수 있다."고 말하자, 주희는 그에 대해 "물론 그렇다. 그렇지만 역시 반드시 사물을 탐구해야 하고, 조금의 사욕이라도 그것[즉 마음]을 막지 않도록 해야 한다. 그런 후에야 마음이 텅 비고 밝게 될 수 있다."고 답했다.[10] 그러나 전체적으로 보았을 때는 격물 노력의 지적 요소들은 궁극적으로 그것의 도덕적 목적 속에 녹아들어 갔다. 격물을 하는 것은 근본적으로 도덕성을 견지하고 잘못을 범하는 것을 피하기 위해서였다: "[많은 사물들을 탐구함으로써] 정성스러운 노력을 많이 쌓으면 … 저절로 이 도리를 분명히 이해하고, 일을 행함에 있어서 잘못을 범하지 않을 것이다."[11] 또한 '궁리'함에 있어 사물의 "'소이연(所以然)'을 알면 그에 따라 의지[志]가 미

10 "問. … 蓋敬則胸次虛明, 然後能格物而判其是非. 曰. 雖是如此, 然亦須格物. 不使一豪私欲得以爲之蔽, 然後胸次方得虛明.": 『朱子語類』 권18, 11a쪽.

11 "積累功 … 自然見這道理分曉便處事不錯.": 『朱子語類』 권18, 20a쪽.

혹되지[惑] 않고 그것의 '소당연(所當然)'을 알면 그에 따라 행동이 잘못되지 않는다."[12] 학문 일반에 있어서도 그것은 마찬가지였다: "학문을 알지 못하면 이 마음은 인욕(人欲)에 섞일 것이다. 학문을 이미 알면 천리가 저절로 발현하고 인욕은 점점 사라져 없어질 것이다."[13] 천리의 발현인 도덕적 덕목들을 갖추는 것은 주희와 그를 뒤따른 신유학자들이 학문을 하는 궁극적 목표였던 것이다. 따라서 그 같은 격물 작업이 일차적으로 자연세계와 과학기술에 대한 구체적 탐구로 향하기 힘들었을 것임은 당연했다.

---

12 "知其所以然, 故志不惑. 知其所當然, 故行不謬.": 『朱文公文集』 권64, 33a쪽.

13 "未知學問, 此心渾爲人欲. 既知學問, 則天理自然發見, 而人欲漸漸消去.": 『朱子語類』 권13, 3b쪽.

10. 유학자들과 과학기술

앞 장에서 살펴본 다양한 요소들의 영향으로 유학자들은 과학기술에 대한 태도에서 뚜렷한 양면성을 보였다. 우선 많은 유학자들이 과학기술 지식에 관심을 가지고 있었다. 그중 몇몇은 해당 분야의 지식에서 당대의 전문가 수준에 도달해 있었고, 어떤 사람들은 과학기술 분야의 전문 저서를 집필하기도 했다.

한대(漢代, 기원전 206-기원후 220) 이래 여러 '학자-관료'들이 개력(改曆) 논의에 활발히 참여하고 개력의 실무를 맡았으며, 농업, 의료 및 각종 기술 분야의 전문 지식에 정통해 있었다.[1] 송대(宋代, 960-1279)에도 과학기술 지식에 관심을 가졌던 여러 유학자들을 발견할 수 있다.[2] 사실 범중엄(范仲淹, 989-1052), 구양수(歐

1 金秋鵬,『中國科學技術史: 人物卷』(北京: 科學出版社, 1998).

2 樂爱國,『宋代的儒學與科學』(北京: 中國科學技術出版社, 2007).

陽脩, 1007-1072), 왕안석(王安石, 1021-1086), 사마광(司馬光, 1019-1086), 소식(蘇軾, 1037-1101) 등 북송(北宋)대(960-1127)의 주요한 유학자들은 대부분 관료로서 활약했으며 다양한 전문적인 주제에 관심을 보였다.[3] 송대에는 '학자-관료'들뿐만 아니라 황제들도 전문 분야들, 특히 의학에 관심을 보였다. 북송대의 여러 황제들이 의료 처방 및 의학 서적에 깊은 관심을 가지고 있었다.[4] 예컨대 휘종(徽宗, 재위 1100-1125)은 신하들로 하여금 의학을 공부하게 하고 직접 의술을 실행하도록 장려하기도 했다.[5]

송대의 몇몇 유학자들은 넓은 범위의 전문 분야들에 정통했고 해당 분야의 저술을 남겼다. 위에서 언급한 심괄과 정초(鄭樵, 1104-1162)가 그 주된 예이다. 또 다른 주목할 만한 예로는 『율려신서(律呂新書)』라는 화성학 저술을 남긴 채원정을 들 수 있는데, 『율려신서』는 『성리대전(性理大全)』에 수록되어 학자들 사이에 널리 유통되었다. 송대에는 수학 공부에 정진하여 높은 수준의 수학 지식에 도달한 학자들도 많았으며, 몇몇은 그 시기 최고의 수학서를 썼다. 예컨대 『수서구장(數書九章)』의 저자인 진구소(秦九韶, 1202-1261)와 『측원해경(測圓海鏡)』의 저자인 이야(李冶, 1192-

---

3 樂愛國, 『宋代的儒學與科學』, 10-37쪽.

4 Asaf Goldschmidt, "The Song Discontinuity: Rapid Innovation in Northern Song Dynasty Medicine," *Asian Medicine* 1(2005), pp. 53-90.

5 Charlotte Furth, "The Physician as Philosopher of the Way: Zhu Zhenheng (1282-1358)," *Harvard Journal of Asiatic Studies* 66 (2006), pp. 423-459, 특히 p. 435.

1279)는 모두 전통 유가 교육을 받은 유학자들이었는데, 진구소는 『수서구장』의 서문에서 "수와 도는 두 개의 [서로 다른] 근본이 아니다[數與道非二本]."라고 이야기했고, 이야는 수학 연구에 매우 깊이 몰두한 탓에 사람들이 자신을 두고 "[올바른 유학자로서의] 뜻을 그르쳤다[喪志]."고 비판할까 걱정했을 정도였다.[6]

주희에 대해 이야기하자면, 과학 분야의 주제들에 대한 그의 지식은 앞에서 언급한 유학자들의 수준에 미치지 못했지만 그 역시 여러 과학 분야의 주제들에 넓은 관심과 상당 수준의 지식을 지니고 있었으며, 다른 유학자들에게 그러한 주제들을 공부하도록 권했다. 그리고 주희의 이러한 태도는 대부분 그의 추종자였던 그 이후의 학자들에게 큰 영향을 미쳤다. 몇몇 과학 분야의 주제들은 주로 주희가 그 중요성과 가치를 인정한 까닭에 후대의 유학자들이 공부할 만한 정당한 주제로 간주되었다. 물론 그 이후의 시기에 유학자들의 학문과 지적 관심의 폭이 축소되었던 것은 사실이다. 주희 학문의 넓은 폭이 후대의 유학자들에게 계승되지 않았고, 그 후학들의 관심이 좁아졌던 것이다.[7] 그러나 주희가 그

6 樂愛國, 『宋代的儒學與科學』, 150쪽과 154쪽.

7 주희의 저술이 다루고 있는 지식의 넓은 범위가 그 부분적인 이유였을 수 있다. 일단 주희가 모든 것을 망라하는 지식의 체계를 완성하자 그 이후의 유학자들은 그들의 주된 관심사였던 도덕과 자기 수양 이외의 문제들에 대해서는 관심을 가질 필요를 느끼지 못했던 것으로 보인다. 전문적인 과학기술 지식을 포함해서 모든 것이 주희의 방대한 체계 안에 이미 다 담겨 있다고 생각하게 되었던 것이다. 이러한 경향은 특히 조선의 주자학자들 사이에서

의 학문 체계 안에 과학기술 지식이 존재할 위치를 찾아 주었다는 사실은 중요하다. 주희의 이 같은 태도가 후대 유학자들이 과학기술 분야들에 관심을 가지고 공부하도록 고무했던 것이다. 그리고 그 결과로 유학자들과 과학기술 지식 사이에 어느 정도 '수렴(收斂)'의 상태가 지속되었다.

그러한 '수렴'의 상황은 역법 분야에서 특히 두드러졌다. 예수회 신부들이 서양의 천문학을 소개함으로써 역법에 대한 관심을 일깨우기 오래전부터, 명대(明代, 1368-1644)의 유학자들은 역법에 관심을 가지고 공부해 왔다. 공식적으로는 천문역법을 개인적으로 공부하는 것이 금지되어 있었던 탓에 학자들이 천문 서적을 구득하는 것이 쉽지 않았지만, 천문 지식에 대한 관심이 학자들 사이에 지속적으로 존재하고 있었다.[8] 예컨대 『명사(明史)』는 "역관(曆官)은 아니었지만, 역법을 이해한 사람들"의 예로 주재육(朱載堉, 1536-1611)과 당순지(唐順之, 1507-1560) 등의 유학자들을 들었으며,[9] 형운로(邢雲路, 1549-?)는 역법이 "우리 유학자들의 본업

현저하게 나타났다. 그들 대부분은 서양에서 유입된 과학 지식에는 거의 관심을 보이지 않은 채 이른바 '주자정론(朱子定論)'을 확립하는 데 몰두하고 있었던 것이다. 구만옥, 『朝鮮後期 科學思想史 研究 I: 朱子學的 宇宙論의 變動』(혜안, 2004), 5장을 볼 것.

8 16세기 중반부터 호황을 누리게 된 출판업자들은 유학자들의 점증하는 수요를 충족시키기 위해 천문 서적을 출판하기 시작했다. 신민철, 「明代 天文 '私習'의 금지와 曆法觀의 재정립」(서울대학교 석사학위논문, 2007), 25-27쪽.

9 "其非曆官而知曆者, 鄭世子而外, 唐順之周述學陳壤袁黃雷宗皆有著述.": 『明史』 권31(北京 中華書局 校點本), 544쪽.

[吾儒之本業]"이라고 말하기까지 했다.[10] 마테오 리치(Matteo Ricci, 1552-1610)가 "중국인들만큼 수학을 중시하는 사람들은 없을 것"이라고 이야기했던 것은 바로 이 같은 상황을 가리켰을 것이다.[11] 물론 의학, 농업, 기술과 같은 그 외의 다른 전문 분야들도 여러 유학자들의 관심을 끌었다.

그러나 전반적으로 보면 유가 전통 속에서 유학자와 과학 지식 사이의 '수렴'은 완전하지 않았다. 유학자들은 보통 과학 분야의 주제들에서 지적인 도전이나 자극을 느끼지 않았으며, 따라서 그 같은 주제들에 대해 공부하는 데 전력을 기울이지 않았던 것이다. 또한 그들은 과학 분야의 주제들이 자신들이 아무리 노력해도 완전히 이해할 수 없을 정도로 어려운 것이라고 생각하지도 않았다. 그러한 태도는 주희에게서 찾아볼 수 있었다. 주희는 과학 분야의 주제들을 공부하고 이해해야 할 필요성을 강조하면서도, 그러한 주제들이 그보다 더 중요한 주제들인 도덕과 사회의 문제들에 비해서는 부차적이라는 느낌을 감추지 않았다. 그것이 바로 그가 '작은' 문제들에 관심을 갖기에 앞서 먼저 '근본[本]', 즉 더 중요한 것을 이해해야 한다고 반복해서 말한 의도였다. 따라서 그는 과학 분야 주제들의 세부 사항 모두를 완벽히 이해하려고 노력할 필요는 없다고 인정하기도 했다. 그는 또한 그러한 과

10 『古今律曆考』卷65 「辯大統曆之失」.

11 Louis Gallagher, *China in the Sixteenth Century: The Journals of Matteo Ricci, 1583-1610* (New York: Random House, 1953), p. 476.

학 분야의 주제들이 아무리 어려워 보이더라도 자신이 노력만 하면 그것들을 완전히 이해할 수 있다고 믿었다. 그가 과학 분야의 주제를 공부하는 데 전력을 기울이지 않았던 이유는 그 주제들이 그의 관심을 충분히 끌지 못했기 때문이었던 것이다.[12]

주희는 과학 분야의 전문종사자들도 그다지 높게 평가하지 않았다. 과학 분야의 전문종사자들에 대해서 주희는 자신이 정통하려고 노력할 필요를 느끼지 않은 분야의 전문 기능인에 불과하다고 생각했던 것이다. 그는 심지어 달력이 하늘의 실제 운동과 어긋나는 것을 역법 분야의 전문종사자들인 역가(曆家)들의 능력 부족 탓으로 돌리기도 했다. 그가 보기에 역가들은 하늘의 운동을 관찰하여 기록·계산·예측하는 데 여념이 없었고 편법으로 수치를 얻어내는 일에만 몰두할 뿐, 진정한 역법이 목표로 해야 할 하늘의 실제 운행에 대한 이해를 위해서 노력하지는 않았던 것이다.[13]

이러한 주희의 태도는 대체로 후대 유학자들의 기본 태도가 되었다. 전반적으로 볼 때, 유학자들은 전문 지식에 지적 호기심

---

12 김영식, 『주희의 자연철학』, 11장, 특히 414-424쪽을 볼 것. 주희가 진짜로 어렵고 이해하기 힘들다고 생각했던 주제는 『참동계(參同契)』에 담긴 내단(內丹)이었다. 주희는 『참동계』의 내단에 일종의 지적인 도전을 느꼈으며, 그것을 완전히 이해하기 위해 상당한 노력을 기울였다. Yung Sik Kim, "The *Ts'an-t'ung-ch'i k'ao-i* and the Place of Internal Alchemy (*Nei-tan*) in Chu Hsi's Thought," *Monumenta Serica* 55(2007), pp. 99-131.

13 김영식, 『주희의 자연철학』, 428-430쪽.

은 가지고 있었지만 결코 거기에 전력을 기울이지는 않았다. 그리고 이는 그들의 주된 목표가 하나의 보편적 '리', 즉 '천리(天理)'에 도달하는 것이었음을 생각하면 당연한 일이었다. 물론 이 보편적 '리'가 모든 사물 속에 그 사물의 개별 '리'로서 담겨 있기 때문에 유학자들은 전문적인 과학기술 분야의 주제들을 포함해서 모든 사물에 대해 공부해야만 했다. 그러나 앞 장에서 보았듯이 그들에게 중요한 것은 보편적 '리'에 도달하는 것이었고 특정한 개별 '리'들을 탐구하는 것은 아니었다. 예컨대 수학 공부에 너무 몰두한다고 다른 사람들이 비난할까 염려했던 이야의 술회는 유학자들이 전문 분야에 대해 가지고 있었던 일반적인 태도를 잘 보여준다. 그에게 수학과 같은 분야에 몰두하는 것은 '[올바른] 뜻을 그르치는 것'처럼 보였던 것이다.

이러한 태도는 전통 시기의 중국에서 학문적 주제들의 지적 지위를 결정하는 데 있어 압도적인 영향력을 지녔던 과거(科擧) 시험에도 반영되었다.[14] 물론 과학 분야의 주제들은 이른 시기부터 과거 시험에 출제되었는데, 특히 명대에 그러한 경향이 더욱 두드러졌다.[15] 예컨대 1497년과 1522년에는 관료들과 그들의 자제, 학생, 군인, 심지어 은둔 학자들 중에서 역법에 조예가 깊은 사람

---

14 Benjamin A. Elman, *A Cultural History of Civil Examinations in Late Imperial China* (Berkeley: University of California Press, 2000).

15 Elman, *A Cultural History of Civil Examinations in Late Imperial China*, pp. 461-481.

들을 초치하기 위해 시험이 시행되기도 했다.[16] 그러나 전반적으로 보면 과학기술 분야의 주제들은 과거 시험에 출제되는 주제 목록에 당당하게 포함되었던 적이 한 번도 없었고 늘 부차적인 주제로만 남아 있었다. 그리고 그 결과 과학기술 분야의 전문종사자들이 정부 내에서 유망한 경력을 펼칠 수 있는 가능성도 없었다.

유학자들과 과학기술 전문종사자들 사이의 '수렴'은 이처럼 완전하지 않았으며, 수렴이 일어났다고 할 수 있는 경우에도 한 방향으로만의 수렴이었다. 유학자들은 과학기술 지식에 관심을 갖고 있었지만 기술자, 장인(匠人), 기능직 관료, 농민 등 전문종사자들은 자신들의 작업에 대한 저술을 남기지 않았다. 또한 유가 전통 사회의 전문종사자들에게서는 근대 초 유럽의 기술자, 장인 등에게서 볼 수 있었던 관심의 확장이나 지적 호기심의 심화도

---

16 "在弘治十年, 令訪取世業原籍子孫, 併山林隱逸之士, 及致仕退閑等項官, 吏生儒軍民人等, 有能精通天文者, 試中取用. 在嘉靖元年, … 保擧精通天文曆法者, 不拘致仕官員監生生員山林隱逸之士.": 朱載堉, 『聖壽萬年曆』「附錄」.
『명실록(明實錄)』 1521년 7월 6일의 기록에는 역법에 정통한 몇몇 관료들이 한 번에 몇 단계를 승진하는 예도 있었다. 청대에는 이러한 관행이 중단되었으나, 그 이유는 역법이 덜 중요하다고 생각했기 때문이 아니라 역법과 관련된 논쟁이 정치적인 불안을 조장할지도 모른다는 우려 때문이었다. Benjamin A. Elman, *On their Own Terms: Science in China, 1550-1900* (Cambridge: Harvard University Press, 2005), p. 133.
역법과 관련된 주제들은 16세기 초 조선의 과거 시험에서도 출제된 사실이 확인된다. 구만옥, 『朝鮮後期 科學思想史 硏究 I』, 74쪽.

찾아볼 수 없었다.[17] 물론 명대 이후에는 전문 분야 서적들의 독자층이 확대되었다. 예컨대 명대 후기에 유가 경전, 과거 시험, 경세(經世) 등의 주제들을 다루는 '유서(類書)'들이 관(官)의 지원을 받아 대량으로 출판되었으며, 그 밖에 농업, 양생(養生), 수학 등 잡다한 주제들에 관한 개인 저자들의 일용 백과전서들도 급증했는데 학자, 기술자, 상인, 서리(胥吏) 등이 계층을 불문하고 이러한 책들을 읽었다.[18] 이 책들은 점성술, 지리, 의학, 수학, 양생, 양잠(養蠶), 식물(植物) 등만이 아니라 서예, 법률, 그리고 해몽(解夢)에 이르기까지 다양한 주제들을 망라하여 다루고 있었다.[19] 그러나 과학기술 분야의 전문종사자들이 자신의 전문 분야에 대해서 글을 남긴 경우는 없었다. 그들은 직업상 요구되는 일만을 수행했던 것이다.

자신들이 담당하던 분야의 직업적 정보와 지식에 대해 비밀을 유지하려고 하는 과학기술 분야 전문종사자들의 경향이 이 같은 상황에 영향을 미쳤을 수 있다. 흔히 비방(秘方)을 대물림하

17 Paolo Rossi, *Philosophy, Technology and the Arts in the Early Modern Era* (New York: Harper & Row, 1970); Pamela Long, *Openness, Secrecy, Authorship: Technical Arts and the Culture of Knowledge from Antiquity to the Renaissance* (Baltimore: Johns Hopkins University Press, 2001), chaps. 6-7.

18 Benjamin A. Elman, "Collecting and Classifying: Ming Dynasty Compendia and Encyclopedias (*Leishu*)," *Extrême-Orient, Extrême-Occident hors série* (2007), pp. 131-157.

19 Elman, "Collecting and Classifying," p. 136.

는 의료 가문에 속했던 의사들은 자신들의 의료 처방을 비밀에 부치는 경향이 있었다. 송대 과거 문화와 인쇄술의 확산이 상황을 서서히 바꿔놓고 '의안(醫案)'이라는 장르가 확산된 명대 후기까지 그 같은 경향은 지속되었다.[20] 연단, 풍수, 점복 같은 분야의 지식도 마찬가지로 비밀 유지의 필요성이 있었을 것이다. 역가(曆家)들도 자신들의 전문 지식을 공개하지 않는 경향을 보였다. 심지어 정부도, 위에서 언급한 명대 천문역법의 사적인 학습 금령(비록 엄격히 시행되지는 않았지만)에서 볼 수 있는 것처럼, 그 같은 경향으로부터 자유롭지 않았다.

이러한 상황에서, 과학기술 주제들에 관한 저술은 대부분 유학자들에 의해, 그리고 대개는 유학자들을 위해 씌어졌다. 물론 농부들의 지식이 농서에 수록되는 경우는 있었다. 『제민요술(齊民要術)』의 저자인 가사협(賈思勰, 6세기), 『농서(農書)』의 저자인 왕정(王禎, 14세기), 『농정전서(農政全書)』의 저자인 서광계(徐光啓, 1562-1633) 등은 자신의 농서를 집필할 때 농민과 기술자들의 조언을 받았다.[21] 그러나 이는 전문종사자들이 자신들의 업무에 관

20 Charlotte Furth, "Introduction: Thinking with Cases," in Charlotte Furth, J. T. Zeitlin, and Ping-chen Hsiung, eds., *Thinking with Cases: Specialist Knowledge in Chinese Cultural History* (Honolulu: University of Hawaii Press, 2007), pp. 13-14.

21 Francesca Bray, "Agricultural Illustrations: Blueprint or Icon?" in Bray, Dorofeeva-Lichtmann, and Métailié, eds., *Graphics and Text in the Production of Technical Knowledge in China*, pp. 521-567, 특히 pp. 541-542.

해 저술하는 것과는 전혀 다른 성격의 일이었다. 명대 후기 과학기술 지식 저술의 가장 중요한 예들인 이시진(李時珍, 1518-1593)의 『본초강목(本草綱目)』, 송응성(宋應星, 1587-1666)의 『천공개물(天工開物)』, 서광계의 『농정전서』가 모두 유학자들에 의해 씌어졌다는 사실은 이런 점에서 주목할 만하다. 유학자인 저자들이 자신들과 독자들(대개 동료 유학자들)의 지적인 흥미를 위해 기술과 생산물들을 그들의 저술 안에 포함시킨 이 예들에서는 자연히 유학자들의 지적인 흥미가 두드러졌다. 유학자들, 특히 '유의(儒醫)'들이 쓴 의서(醫書)들도 실용적인 목적만이 아니라 지적인 흥미를 위한 것이었다.[22]

유학자들은 책 이외의 다른 장르들을 통해서도 과학기술 분야의 주제들을 다루었다. 그러나 이들 장르가 비록 과학기술 정보를 어느 정도 담고 있기는 했지만, 그 주된 목적이 과학기술의 구체적 내용을 서술하는 데 있는 것은 아니었다. 예컨대 '학자-관료'들은 농사 기술, 의료 처방 등의 유용한 정보를 보급하기 위해 시(詩)를 지었고 '학자-화가'들은 도구, 기계 및 생산 과정을 담은 삽화(揷畵)를 그렸다. 그러나 이러한 삽화나 시 속에 의미 있는 과학기술적인 내용이 묘사된 경우는 없었다. '경직도(耕織圖)'라고

22 Angela Ki-Che Leung, "Medical Learning from the Song to the Ming," in Paul J. Smith and Richard Von Glahn, eds., *The Song-Yuan-Ming Transition in Chinese History* (Cambridge: Harvard University Press, 2003), pp. 374-398; Furth, "The Physician as Philosopher of the Way."

불린 독립된 장르가 그러한 삽화와 시로부터 출현하기도 했다. 쌀 농사와 양잠의 주요 과정을 시와 그림으로 표현하여 한데 모아놓은 송대의 누숙(樓璹, 1090-1162)으로 그 기원이 소급되는 경직도 장르는 이후 시기에 크게 유행했다.[23] 그러나 이 같은 그림과 시는 농민보다는 통치자와 지배 계층을 대상으로 한 것이었다. 그것들이 강조한 것은 자세한 기술적 정보가 아니라 농사와 직조(織造)의 '고된 작업[辛苦]'을 보여 주는 데 있었고, 이를 통해 지배 계층 구성원들에게 도덕적인 메시지를 전달했던 것이다.[24]

과학기술 주제들에 대한 유학자들의 지식 수준은 대체로 그리 높지 않았으며, 당대의 최고 수준에 도달한 경우는 드물었다. 역시 주희가 그 대표적인 사례인데, 비록 그가 여러 과학 분야들을 공부하여 상당한 지식을 지니기는 했지만 그의 이해는 결코 당대 전문가들의 수준에 미치지는 못했다. 그의 주석에 담긴 지식은 종종 그 당시 전문가들의 수준보다 수 세기 뒤처져 있었다. 예컨대 그는 1년의 일수(日數)로 그 당시 역가들이 사용하던 365.2425일 대신에 고대 사분력(四分曆)의 365.25일을 계속해서 사용했다. 대부분 주희의 추종자였던 후세의 유학자들은 이를 두고도 주희를 충실히 따랐다. 경전 주석의 전통이 막 시작된 후한(後漢)대(25-220)의 역법인 사분력이 제시한 역수(曆數)가 이후 유

23 Bray, "Agricultural Illustrations," pp. 524-535; 中國農業博物館 編, 『中國古代耕織圖』(北京: 新華書店, 1995).

24 Bray, "Agricultural Illustrations," pp. 533-534.

학자들의 논의에서 표준적인 수치가 되었기 때문이다. 또한 과학기술 지식에 대한 관심이 유학자들 사이에서 널리 퍼져 있거나 흔했던 것도 아니다. 천문, 지리, 악률(樂律) 같은 분야들을 과거시험 과목에 포함시켜야 한다는 주희의 제안에 대해 한 제자가 "[자질을 갖춘] 시험관은 없을 것 같다."고 우려를 표명한 사실은 당시의 상황을 잘 보여 준다.[25]

25 "先生云 … 如天文地理樂律之類, 皆指定令學者習, 而用以爲題. 賀孫云. 此法若行, 但恐卒未有考官.": 『朱子語類』 권109, 8a-8b쪽.

맺음말

이상에서 과학기술에 대해 유학자들이 지녔던 다양한 태도, 특히 그 양면성에 대해 살펴보았다. 유학자들은 한편으로 과학기술 분야들에 관심과 함께 높은 수준의 지식을 가지고 있었지만 이들 분야에 대한 그들의 관심은 부차적인 것이었고, 이는 결국 과학기술의 지적·사회적 지위에 제약을 가했다. 과학기술 분야들은 유가 전통에서 학문의 정당한 일부로 완전히 받아들여지지 않았던 것이다.

그러나 중요한 것은 유학자들이 그러한 상황을 만족스럽게 생각하지 않았다는 사실이다. 많은 유학자들은 과학기술 분야들에 대한 공부를 소홀히 하거나 무시하는 것이 옳지 않다고 주장했다. 물론 유학자들에게 중요한 것은 도덕과 사회적 문제에 관한 탐구였다. 그러나 그것으로 충분하지는 않았다. 자연세계의 작동과 신비를 이해하는 일도 그들에게는 중요한 일이었고 외면할 수 없었다.

특히 주희가 자신의 학문 체계에 과학기술 분야의 주제들이 자리할 수 있는 여지를 남겨놓았다는 것은 아주 중요한 점이라 할 수 있다. 주희의 학문과 사상 체계가 후대의 유학자들과 정부에 의해 정통(正統)으로 받아들여지면서, 이 같은 주희의 태도는 큰 영향력을 지니게 되었다. 주희를 숭상하고 추종했던 후대 유학자들 대부분은 계속해서 주희가 중요성을 환기시킨 과학기술 분야의 주제들에 관심을 가지고 공부했다. 사실 이 같은 태도가 17, 18세기 서양에서 유입되는 과학기술 지식을 중국과 조선의 많은 유학자들이 인정하고 받아들일 수 있는 토대가 되었다. 과학기술 분야의 주제들을 학문의 영역으로 받아들임으로써 주희는 유가 학문을 더 폭넓은 것으로 만들었던 것이다.

그런데 유학자들에게서 볼 수 있는 이 같은 태도는 오늘날의 상황과 아주 선명한 대조를 이룬다. 최근에 와서 약간 다른 움직임이 감지되고 있기는 하지만, 현대 사회에서 새로운 '과학 문화'와 전통적 '인문 문화'라는 두 개의 서로 다른 문화 사이에 심각한 상호 이질감과 장벽, 심지어는 분리와 대립이 존재하고 있다.[1] 물론 이런 분리와 대립의 근원은 서양에서 찾을 수 있다. 데카르트(Descartes René, 1596-1650)와 과학혁명을 통해서 과학은 문

1 C. P. Snow, *The Two Cultures and the Scientific Revolution* (Cambridge: Cambridge University Press, 1959)—번역: 오영환 옮김, 『두 문화』(사이언스북스, 2001).

화 일반으로부터 분리되고 배제되기 시작했다. 이런 분리 과정은 아주 빠르게 진행되었다. 18세기 초반만 하더라도 과학과 인간 사회의 주제에 모두 관심을 가지고 있었던 뉴턴과 라이프니츠 같은 사상가들을 찾아볼 수 있었지만, 그 이후에는 이렇게 두 가지 영역 모두에 관심을 보이는 사상가들을 만나기 힘들게 되었다.

한참 전부터 우리 사회에서 거론되어 온 '인문학의 위기'란 전적으로 이런 '분리'와 '배제'의 결과 때문이다. 그리고 인문학의 위기는 과학과 전통문화 간의 분리가 그 어느 곳보다 심한 한국 사회에서 그 심각성이 더 크다고 하겠다. 현대의 인문학은 중세 유럽을 지배하던 스콜라주의(Scholasticism) 학풍에 반기를 들고 출현한 르네상스의 인문학이 가지고 있던 개방적 정신을 잃어버렸다. 게다가 오늘날의 인문학은 스콜라주의로 되돌아가는 경향을 보이기까지 하는데, 나는 이를 '신스콜라주의(Neo-Scholasticism)'라고 부른다. 우리 인문학의 이 같은 상황은 분명히 '새로운 인문학'를 요청하는 것이라고 볼 수 있다.

특히 문제가 되는 것은 대부분의 우리 인문학자들에게 인문학의 대상이 고착되어 바뀌지 않고 있고, 근대 인문학이 처음 자리잡던 시기(서양의 르네상스 시기나 중국 송대, 또는 기껏해야 서양 계몽사조기 또는 우리나라 개화기)의 전통적인 대상과 주제가 그대로 내려오고 있는 듯하다는 점이다. 그 후 인간의 삶은 크게 바뀌었고 특히 최근 수십 년, 심지어 단 몇 년 동안 인간의 삶의 방식은 엄청나게 바뀌었다. 따라서 이렇게 변화되어 새로워진 인간의 삶, 문제, 가치 등을 인문적 반성과 탐색의 대상으로 해야 하는 것은 당연하다. 새로운 인문학은 전통적인 인문학의 대상과 주제만이 아니라 현재를 살아가는 인간의 삶의 현실과 문제를 대상으로 해야 하는 것이다. 이와 관련해서 전통적 인문학의 주제와 대상이라는 것들이 사실은 르네상스 시기나 송대와 같이 새로운 사상적 조류, 새로운 문화와 사회의 모습이 대두되던 시기에 그에 따라 생겨난 새로운 삶, 가치, 문제 등이었다는 것을 상기할 필요가 있다. 그리고 오늘날 또한 그러한 새로운 사상과 문화가 새로운 가치, 문제 등을 빚고 있는 시기이고 그런 면에서 새로운 인문학을 요구하는 시기라고 할 수 있는 것이다.

따라서 이른바 '인문학의 위기'를 극복하기 위해 취해야 할 새로운 인문학의 태도가 어떠해야 할지는 분명하다. 그것은 전통적 대상 및 주제에 대한 인문적 반성과 탐색을 통해 인문적 가치체계를 찾아내고 그 가치체계를 변화된 인간의 삶과 문제에 적용하는 차원(그것이 매우 중요한 것은 사실이지만)에 머무를 수 없다. 거기서 더 나아가서 변화된 현재의 삶과 가치, 문제 등을 대상으로 인문적 탐색을 통해 새로운 가치체계를 찾아내는 새로운 인문학의 정립이 필요하다. 특히 중요한 것은 현재 인간의 삶과 문제에서 큰 위치를 차지하는 과학기술, 정보, 경영 등이 당연히 인문적 추구의 중요 대상이 되어야 한다는 것이다. 문학, 역사, 철학 등 모든 분야가 (현재 우리의 삶과 동떨어진) 기존의 대상과 주제의 테두리에서 벗어나 이 새로운 문화 요소들과 직접 마주쳐서 그것들을 대상으로 인문적 반성과 탐색을 수행해야 하는 것이다. 그렇게 하지 않는 한 인문학은 사회적 요구에 제대로 대응하지 못할 것이다.

근대 사상과 인문학에 토대가 되었던 르네상스 인문주의는 고대 그리스·로마 문화에 그 거대한 원천을 두고 있었다. 그렇다면 21세기의 우리에게 필요한 새로운 인문학을 위해서 우리의 과거 유가 전통에서 그 근원을 발견할 수는 없을까? 물론 나는 앞서 이야기했듯이, 다가올 상황에 대처하기 위해 굳이 과거에서 무엇을 찾으려고 하는 것을 바람직하다고 생각하지 않는다. 그러나 그럼에도 꼭 동아시아 유가 전통에서 그런 것을 찾아야 한다면 그 실마리를 주희에게서 찾을 수 있지 않을까.

나는 지금까지 살펴본 주희 학문의 폭넓은 범위, 특히 모든 것을 포함하면서 과학기술 분야의 주제들을 배제하지 않는 그의 태도야말로 오늘날 우리가 주목해야 할 덕목이라고 생각한다. 오늘날 과학과 기술이 야기한 여러 가지 문제에 직면한 세계에서 인문학을 새롭게 수립해야 하는 과제는 과학기술을 반대·극복·배제하고 그와 경쟁하면서 해결할 수 있는 것이 아니라, 오히려 그런 문제들을 더 잘 이해하고 부딪쳐서 다루어야 하는 것이다. 특히 현대 사회에 무엇보다 필요한 진정한 인문학은 과학기술의 문제들을 제대로 이해하고 다루고 나서야 얻어질 수 있을 것이다. '인문학의 위기'를 겪고 있고 그 해결책을 고민하는 오늘날의 인문학자들이 이 같은 주희의 태도에서 바람직한 인문학의 정신을 찾을 수 있기를 희망한다.

참고문헌

『古今律曆考』.

『論語』.

『明史』.

『夢溪筆談』(北京: 文物出版社, 1975).

『四庫全書總目提要』(北京: 中華書局, 1965).

『二程集』(北京: 中華書局, 1981).

『朱文公文集』.

『朱子語類』(臺北: 正中書局, 1962).

『中庸』.

『淮南子』(四部備要本).

구만옥, 『朝鮮後期 科學思想史 研究 I: 朱子學的 宇宙論의 變動』, 혜안, 2004.

김영식, 「유교와 동아시아 과학의 발전」, 『동아시아 과학의 차이: 서양 과학, 동양 과학, 그리고 한국 과학』, 사이언스북스, 2013.

김영식, 「'화석', '유기체적 세계관', '땅의 운동': 서구의 시각으로 동아시아 과학을 평가할 때의 문제점」, 『동아시아 과학의 차이: 서양 과학, 동양 과학, 그리고 한국 과학』, 사이언스북스, 2013.

김영식, 『주희의 자연철학』, 예문서원, 2005.

신민철, 「명대 천문 '사습(私習)'의 금지령과 천문서적의 출판: 그 이념과 실제」, 『한국과학사학회지』 29(2007).

신민철, 「明代 天文 '私習'의 금지와 曆法觀의 재정립」, 서울대학교 석사학위논문, 2007.

전용훈, 「조선중기 유학자의 천체와 우주에 대한 이해: 여헌 장현광의 『역학도설』과 『우주설』」, 『한국과학사학회지』 18(1996).

金秋鵬, 『中國科學技術史: 人物卷』, 北京: 科學出版社, 1998.

樂愛國, 『宋代的儒學與科學』, 北京: 中國科學技術出版社, 2007.

中國農業博物館 編, 『中國古代耕織圖』, 北京: 新華書店, 1995.

祝平一, 「宋明之際的醫史與儒醫」, 『中央研究院歷史語言研究所集刊』 77(2006).

山田慶兒, 「授時曆の道: 元朝治下の天文臺と天文学者」, 『中国の科学と科学者』, 京都: 京都大学 人文科学研究所, 1978.

周藤吉之, 『宋代經濟史研究』, 東京: 東京大学出版会, 1962.

Bodde, Derk, "Harmony and Conflict in Chinese Philosophy," in Arthur F. Wright, ed., *Studies in Chinese Thought,* Chicago: University of Chicago Press, 1953.

Bray, Francesca, "Agricultural Illustrations: Blueprint or Icon?" in Francesca Bray, V. Dorofeeva-Lichtmann, and G. Métailié, eds., *Graphics and Text in the Production of Technical Knowledge in China: The Warp and the Weft*, Leiden: Brill, 2007.

Bray, Francesca, "Introduction: The Powers of *Tu,*" in Francesca Bray, V. Dorofeeva-Lichtmann, and G. Métailié, eds., *Graphics and Text in the Production of Technical Knowledge in China: The Warp and the Weft*, Leiden: Brill, 2007.

Bray, Francesca, "Science, Technique, Technology: Passages between Matter and Knowledge in Imperial Chinese Agriculture," *British Journal for the History of Science* 41(2008), pp. 319-344.

Bray, Francesca and George Méailié, "Who Was the Author of the *Nongzheng quanshu?*" in Catherine Jami, Peter Engelfriet, and Gregory Blue, eds.,

Statecraft and Intellectual Renewal in Late Ming China: The Cross-cultural Synthesis of Xu Guangqi (1562-1633), Leiden: Brill, 2001.

Brook, Timothy, "Xu Guangqi in His Context: The World of the Shanghai Gentry," in Catherine Jami, Peter Engelfriet, and Gregory Blue, eds., *Statecraft and Intellectual Renewal in Late Ming China: The Cross-cultural Synthesis of Xu Guangqi (1562-1633),* Leiden: Brill, 2001.

Brooke, John H., *Science and Religion: Some Historical Perspectives,* Cambridge: Cambridge University Press, 1991.

Capra, Fritjof, *The Tao of Physics,* Boulder: Shambhala Publications, 1975.

Chu, Ping-yi, "Technical Knowledge, Cultural Practices and Social Boundaries: Wan-nan Scholars and the Recasting of Jesuit Astronomy, 1600-1800," Ph.D. Dissertation, University of California, Los Angeles, 1994.

Deane, Thatcher E., "The Chinese Imperial Astronomical Bureau: Form a Function of the Ming Dynasty *Qintianjian* from 1365 to 1627," Ph.D. Dissertation, University of Washington, 1989.

Edward Grant, *Physical Science in the Middle Ages,* New York: Wiley, 1971 (홍성욱·김영식 옮김, 『중세의 과학』, 민음사, 1992).

Elman, Benjamin A., *A Cultural History of Civil Examinations in Late Imperial China,* Berkeley: University of California Press, 2000.

Elman, Benjamin A., *On their Own Terms: Science in China, 1550-1900,* Cambridge: Harvard University Press, 2005.

Elman, Benjamin A., "Collecting and Classifying: Ming Dynasty Compendia and Encyclopedias (*Leishu*)," *Extrême-Orient, Extrême-Occident hors série,* 2007.

Fung, Yu-lan, "Why China Has No Science: An Interpretation of the History and Consequences of Chinese Philosophy," *The International Journal of Ethics* 32 (1922), pp. 237-263.

Furth, Charlotte, "The Physician as Philosopher of the Way: Zhu Zhenheng

(1282-1358)," *Harvard Journal of Asiatic Studies* 66 (2006), pp. 423-459.

Furth, Charlotte, "Introduction: Thinking with Cases," in Charlotte Furth, J. T. Zeitlin, and Ping-chen Hsiung, eds., *Thinking with Cases: Specialist Knowledge in Chinese Cultural History,* Honolulu: University of Hawaii Press, 2007.

Gallagher, Louis, *China in the Sixteenth Century: The Journals of Matteo Ricci, 1583-1610,* New York: Random House, 1953.

Gernet, Jacques, "A Note on the Context of Xu Guangqi's Conversion," in Catherine Jami, Peter Engelfriet, and Gregory Blue, eds., *Statecraft and Intellectual Renewal in Late Ming China: The Cross-cultural Synthesis of Xu Guangqi (1562-1633),* Leiden: Brill, 2001.

Goldschmidt, Asaf, "The Song Discontinuity: Rapid Innovation in Northern Song Dynasty Medicine," *Asian Medicine* 1 (2005), pp. 53-90.

Guy, Robert Kent, *The Emperor's Four Treasuries: Scholars and the State in the Late Ch'ien-lung Era*, Cambridge: Harvard University Press, 1987.

Henderson, John B., *The Development and Decline of Chinese Cosmology*, New York: Columbia University Press, 1984(문중양 옮김, 『중국의 우주론과 청대의 과학혁명』, 소명출판, 2004).

Hu Shih, "The Scientific Spirit and Method in Chinese Philosophy," in Charles A. Moore, ed., *The Chinese Mind*, Honolulu: The University of Hawaii Press, 1967.

Kim, Yung Sik, "The *Ts'an-t'ung-ch'i k'ao-i* and the Place of Internal Alchemy (*Nei-tan*) in Chu Hsi's Thought," *Monumenta Serica* 55 (2007), pp. 99-131.

Kirk, G. S. and J. E. Raven, eds., *The Presocratic Philosophers*, Cambridge: Cambridge University Press, 1957.

Leung, Angela Ki-Che, "Medical Learning from the Song to the Ming," in Paul J. Smith and Richard Von Glahn, eds., *The Song-Yuan-Ming Transition in Chinese History,* Cambridge: Harvard University Press, 2003.

Lévy-Bruhl, Luciem, *Les fonctions mentales dans les sociétés inférieures*, 2ème édition, Paris: Félix Alcan, 1928.

Li, Cho-ying, "Contending Strategies, Collaboration among Local Specialists and Officials, and Hydrological Reform in the Late-Fifteenth-Century Lower Yangzi Delta," *East Asian Science, Technology and Society* 4 (2010), pp. 229-253.

Lindberg, David C. and Ronald L. Numbers, *God and Nature: Historical Essays on the Encounter between Christianity and Science*, Berkeley: University of California Press, 1986.

Long, Pamela, *Openness, Secrecy, Authorship: Technical Arts and the Culture of Knowledge from Antiquity to the Renaissance*, Baltimore: Johns Hopkins University Press, 2001.

Merton, Robert K., "Science, Technology and Society in Seventeenth Century England," *Osiris* 4 (1938), pp. 360-632.

Needham, *Science and Civilisation in China*, 7 volumes, Cambridge: Cambridge University Press, 1954-2004.

Price, Derek J. de Solla, *Science since Babylon,* New Haven: Yale University Press, 1961.

Rossi, Paolo, *Philosophy, Technology and the Arts in the Early Modern Era*, New York: Harper, 1970.

Snow, C. P., *The Two Cultures and the Scientific Revolution*, Cambridge: Cambridge University Press, 1959(오영환 옮김, 『두 문화』, 사이언스북스, 2001).

Tu, Wei-ming, ed., *Confucian Traditions in East Asian Modernity: Moral Education and Economic culture in Japan and the Four Mini-Dragons*, Cambridge: Harvard University Press, 1996.

찾아보기

발간사

신승일
(전 미국 알버트 아인슈타인 의과대학 교수)

인문학과 자연과학을 연결하는 학술적 성찰의 결실인 암곡학술총서의 발간은 제가 오랫동안 갖고 있던 하나의 작은 꿈이 실현되는 것입니다. 지금부터 60여 년 전인 1957년 어느 봄날, 옛 동숭동 교정에서 입학식을 마치고 저는 서울대학교 문리과대학 1학년생이 되었습니다. 그때는 전쟁이 끝난 지 4년이 채 안 되어 전쟁의 흔적이 서울 곳곳에 남아 있었지만, 우리나라 학문의 최고봉이라고 자부하던 문리과대학의 신입생으로 벅찬 희망을 안고 매일 아침 초만원 전차를 타고 종로5가에서 내려 '세느강'으로 불리던 하천을 따라 학교로 갔습니다. 화창한 봄, 동숭동 캠퍼스는 개나리와 라일락이 흐드러지게 피는 낭만적인 곳이었습니다. 그때 우리들은 물질적으로는 가난했지만, 식민통치와 전쟁으로 폐허가 된 나라를 일으켜 세워 일류 국가를 건설하겠다는 신념과 이상으로 가득 차 있었습니다.

저는 2학년을 마치고 군에 입대하였다가 복학한 뒤 3학년을 마친 1962년 전액 장학금을 받고 미국으로 유학을 떠났습니다. 근 20년이 흐른 1979년 봄 교환교수 자격으로 서울대학교에 잠시 돌아오게 되었는데, 이는 당시 자연대 학장으로 계시면서 교환교수 프로그램을 만드신 조완규 교수님(전 서울대학교 총장)의 권유에 따른 것이었습니다. 관악산에 둘러싸인 웅장하고 아름다운 서울대학교 종합캠퍼스는 옛 기억 속의 작은 동숭동 교정과는 사뭇 다른 곳이었습니다. 저는 그때 미국 의과대학의 유전학 교수였는데, 한 학기 동안 서울대학교에서 학부 4학년생과 대학원생을 가르치면서 한 가지 꿈을 갖게 되었습니다. 그것은 언젠가 한국 교육에 기여하는 의미 있는 일을 하자는 것이었습니다. 특히 한국 학문의 대표적 요람인 서울대학교는 사회가 필요로 하는 전문지식인을 양성하는 일도 중요하지만, 그에 못지않게 순수 학문을 통하여 미래의 한국, 나아가서는 미래의 인류 문화에 기여하는 세계의 대학교가 되어야 할 것이고, 그 흐름에 저의 작은 힘이나마 보태자는 생각이었습니다.

21세기 초 오늘의 세계는 과학기술의 발전과 지정학적 변화로 인하여 문명사적으로 중요한 전환점에 와 있다고 생각합니다. 그 한 예가 저의 전공 분야인 생명과학의 발전입니다. 유전학의 발전으로 생물계의 진화는 우발적 돌연변이의 자연선택 대신, DNA의 인위적 조작과 선택을 통하여 인간이 희망하는 방향으로 유도할 수 있게 되었습니다. 자연계에 존재하지 않던 완전히 새로운 생물체가 탄생할 수 있게 된 것입니다. 새로운 농축수산물이 개발되고 생산성이 증가하면 기아 문제가 해결되고 생활수준 향상을 기대할 수 있으나, 다른 한편 생물 다양성 감소로 지구적 대규모 참사의 가능성도 커지게 됩니다. 또한 인류는 암 등의 난치병을 정복하여 수명 연장을 기대할 수 있는 반면, 생명의 인위적인 연장으로 인한 노령화로 사회적·윤리적 문제가 대두할 것입니다. 장기적으로는 인간을 부분적으로 '개조'하거나 온전히 복제하는 것도 가능할 것인데, 이제 우생학적 기회와 유혹을 어떻게 관리할 것인가 하는 문제가 진지하게 고려되어야 할 것입니다.

또 다른 예는 IT의 발전입니다. 인공지능이 발전하면서 스스로 생각할 수 있는 기계가 나타나면, 인간을 기타 동물로부터 구별하는 '생각할 수 있는 능력'이란 과연 의미가 있는 것인가, 예술과 도덕의 영역은 인간만의 영역으로 남을 수 있을 것인가, 궁극적으로 인간성의 근본은 무엇인가 등의 새로운 질문을 피할 수 없습니다. 탈산업화와 사회규범의 변화로 인하여 종교적 신앙의 전통이 쇠퇴하면서 새로운 윤리 체계가 요구되며, 국제화의 가속으로 민족과 국가 중심의 일원적 문화 전통이 새로운 다원적 사회, 다문화 사회로 진화하고 있습니다.

지정학적인 변화 또한 현실로 다가오고 있습니다. 18세기 산업혁명 이후 세계를 정치·문화·경제적으로 지배해 온 유럽문명의 상대적 약화와 제국주의의 몰락, 산업구조의 재편 등으로 20세기 후반부터 시작된 동양문명권의 재부상은 이미 상당히 진행되었습니다. 따라서 유럽과 북미를 중심으로 하는 '서양문명'과 중국, 한국, 일본을 아우르는 동아시아와 인도를 주축으로 하는 남아시아가 연계된 '동양문명'이 양대 축을 이루는, 새로운 동서 구도의 양극 체제가 정착할 것으로 예상됩니다.

이렇게 여러 분야에서 근본적이고 범지구적인 변화가 빠르게 전개되고 있는 새로운 세계에서, 한국 지식인의 역할은 무엇이어야 하는가? 저는 이 물음에 대한 답을 암곡학술총서가 환하게 밝혀 주기를 바랍니다. 역설적이지만 불확실성이 극대화된 이 시대에 오히려 새로운 한국 문명의 가능성이 열리고 있다고 저는 생각합니다. 우리는 조선 후기의 국가 경영 실패로 인하여 아픈 근대사를 가졌지만, 지난 반세기 동안 서구의 과학기술과 산업 체제를 짧은 기간에 압축적으로 차용하고 소화하여 현대화에 성공하였고, 그 성공을 바탕으로 한국 전통문화의 강점을 새롭게 인식할 수 있는 물질적·심리적 여유를 갖게 되었습니다. 그 결과 새로운 '한국적 사고'의 창조가 가능해졌다고 생각합니다. 한국은 세계 문명사에서 거의 유일하게, 2천 년에 걸쳐 강력한 중앙집권적 국가 체제를 유지하면서도 불교와 유교, 그리고 기독교적인 전통을 모두 흡수하였고, 독자적인 언어와 문자를 가진 고유의 문화적 전통을 유지하는 데 성공한 나라입니다.

이제 한국의 지식인이 인류문명의 새로운 패러다임을 창조하는 장으로 나아가는 길을 열었으면 좋겠습니다. 그렇다면 새로운 한국적 지식인의 표상은 어떤 것인가? 조선시대의 진정한 선비는 정의를 위해 목숨을 걸고 시류에 맞설 줄 아는 지조와 기개를 겸비하였고, 그러면서도 면면히 내려온 우리만의 풍류를 즐기는 내면의 여유도 갖고 있었습니다. 근대사의 피해자였던 한국의 지식인으로서, 우리가 새로운 장으로 나아가기 위해서는, 우선 서양문명에 대한 열등의식을 극복하고, 문화적 정체성을 유지하면서도 세계사적인 안목으로 역사를 인식할 필요가 있다고 생각합니다. 암곡학술총서가 던지는 사유의 시선을 따라가며 서양 중심의 시각에서 벗어나 세계와 인간을 바라보는 '우리'만의 프리즘을 모색할 수 있었으면 좋겠습니다.

암곡학술총서가 궁극적으로 지향하는 바는 서울대학교에서 소양을 닦은 교수와 학생이 진정한 세계 속의 지식인으로 인류사회에 공헌하는 것입니다. 그것은 편협한 전문가로서가 아니라, 인문학의 전통을 이어받은 과학과 현대 과학의 기초를 이해하는 인문학의 만남을 기반으로 한 창조적 융합의 결과로서 가능하다고 생각합니다.

암곡학술총서가 과학과 인문학의 접목을 추구하는 학술의 장을 열고, 진정한 지성인의 성장을 돕는 일에 공헌하기를 바랍니다.